Les Meilleures Recettes végétariennes du monde entier

Mireille Ballero

Les Meilleures Recettes végétariennes du monde entier

À Gurudev
*qui m'a encouragée et soutenue
dans la réalisation de cet ouvrage*

ALBIN MICHEL

© Éditions Albin Michel, 1978

Sommaire

Introduction 9
Autour du végétarisme 13
À propos des épices 21
Conseils divers 39

LES RECETTES

Crudités et salades 43
Entrées 57
Potages 75
Pâtes 93
Céréales 99
Légumes secs 123
Légumes frais 135
Farcis et purées 169
Sauces 181
Condiments et chutneys 193
Raitas 205
Desserts 209
Recettes de base 239

Table des recettes 252

Remerciements

Je remercie pour leur aide tous ceux et celles grâce à la collaboration desquels ce livre a pu voir le jour :
Advaita, Ambika, Amrita, Odette et Jean Ballero, Catherine Ballero, Raymonde Berthier, Madeleine Blanchemanche, Chaitanya, Chandiananda, Christananda, Daiva, Divyananda, Christian Dorival, Aline Duclos, Josie Eudaric, Marguerite Perreux, Dilip Ghosh, Olivier Gros pour la préface, Hamsi, Hridaya, Danielle Janin, Karuna, Honorine Kpatchavi, Catherine Lesne, Catherine Magniez, Mohini, Jeanine Murcia, Nirmala pour le chapitre sur les épices, Nishtananda, Prithi, Rajani, Sattva, Shambhi, Usha Shastry, Shervani, Sura, Michèle Tizon, Vadinath, Vairagyananda, Varuna, Vasita, Vibhu, Vijaya, Vina, Vivekananda, Yogasthananda, Yukta
et
Nalini (Françoise Delvoye) au contact de qui j'ai appris qu'on pouvait être végétarien sans être triste et que la bonne cuisine se fait d'abord avec amour.

À tous, je souhaite autant de joie à savourer ces recettes que j'en ai eu moi-même à les recueillir, les essayer et les écrire.

Introduction

Le végétal a toujours été le « parent pauvre » de la cuisine française.

Si les modes de cuisson, de présentation, les sauces accommodant viandes, volailles et gibiers varient à l'infini, « légumes » et « céréales » occupent par contre une place négligeable dans les ouvrages de gastronomie, où ils sont relégués au rang d'accompagnement.

La plupart des livres de cuisine végétarienne existant à l'heure actuelle ont des préoccupations surtout hygiéniques et proposent une alimentation conçue selon les normes de tel ou tel diététicien.

Nous avons vu trop de végétariens occupés à additionner les calories, à équilibrer leur yin et leur yang en ruminant tristement une « escalope de blé » ou quelque légume médiocrement assaisonné pour ne pas comprendre la réticence du grand public vis-à-vis de cette cuisine-là...

De nombreuses personnes ont des préjugés quant au goût et à la variété de l'alimentation végétarienne. Il existe en fait des milliers de plats délicieux et hautement nutritifs que nous n'avons jamais eu l'occasion de goûter : cela est dû au manque d'information, à l'habitude et au conditionnement.

Être végétarien esthète et gastronome

Telle est l'ambition de ce petit recueil, qui rassemble des recettes de tous les pays : Afrique, Chine, Japon, Turquie, Afghanistan, Inde, Italie, Allemagne, Canada...

La France est là aussi, avec les recettes du terroir, connues ou non, jadis négligées par les ouvrages culinaires parce qu'il s'agissait de nourritures simples consommées par les paysans de Provence, de Corse ou de Bretagne.

Il y a enfin quelques classiques comme la choucroute, le couscous ou le cassoulet, adaptés aux végétariens.

Des plus faciles aux plus savantes, piquantes ou douces, sucrées ou épicées, les recettes réunies ici sont parfois surprenantes, mais toujours agréables, colorées, appétissantes à voir, à déguster et... à préparer.

Nous avons largement emprunté à l'Inde, seul pays sans doute où l'alimentation végétarienne n'est pas considérée comme secondaire, « anormale » ou négligeable (bien qu'elle y soit le fait d'une minorité), mais jouit au contraire d'un statut supérieur. Au cours des siècles, elle a donné naissance à un art culinaire extrêmement raffiné, capable de séduire les palais les plus exigeants, tout en s'appuyant sur une science de la nourriture dont l'Occident n'a jamais connu l'équivalent.

« L'homme devient ce qu'il mange » pourrait être le principe de base de la diététique indienne. L'Inde traditionnelle distingue en effet les aliments qui portent à l'inertie et au matérialisme (tamas), ceux qui engendrent le courage ou la passion (rajas), ceux qui mènent à la vertu et conviennent à la vie spirituelle (sattva)... Sans entrer dans le détail de ces classifications, il nous a paru important de privilégier une cuisine végétarienne qui n'en est pas, comme chez nous, au stade expérimental, mais relève d'un mode de vie éprouvé et perfectionné par des générations.

Ce livre n'est pas un manuel diététique

Il y a dans le domaine du végétarisme, comme ailleurs, beaucoup de différences, voire de contradictions, d'une école à l'autre : celle-ci bannit le sucre, celle-là les produits laitiers, telle autre préconise la consommation presque exclusive de céréales... Le lecteur intéressé se tournera vers un ouvrage spécialisé pour y trouver les principes de base d'un régime végétarien bien compris et bien appliqué.

Nous nous bornons à proposer quelques recettes dont le seul critère est d'être *savoureuses*, afin :
— d'aider celui qui est végétarien à varier ses menus ;
— de montrer à celui qui hésite qu'on peut être végétarien et bon vivant ;
— de permettre à ceux qui, simplement, souhaitent réduire leur consommation de viande ou poursuivre un régime mixte, mais manquent d'idées pour accommoder les aliments non carnés, de déguster avec autant de plaisir les repas « sans » que les repas « avec ».

Afin de rendre ces recettes accessibles au plus grand nombre, nous n'avons fait intervenir aucune sorte d'interdit : libre à chacun d'utiliser de la farine complète au lieu de la farine blanche, de substituer au beurre une graisse végétale ou l'huile de son choix...

Cependant, *nous avons exclu les œufs*. De nombreux végétariens en consomment. Mais, devant la difficulté qu'ont les végétariens « stricts » à trouver des formules de pâtisseries, d'entremets, de sauces ou de potages n'en comportant pas, nous avons choisi de ne pas en faire figurer dans ce petit recueil.

Une recette n'est qu'un guide, un point de départ. Le bon cuisinier, comme n'importe quel autre artiste, doit se faire une opinion personnelle après un essai de mise en pratique. Ensuite, il adapte la recette à ses principes...

Autour du végétarisme

La viande est-elle nécessaire ?

Ou : peut-on être végétarien et en bonne santé ? L'expérience montre que oui[1].

Un préjugé courant, à propos du régime végétarien, est que l'absence de viande entraîne de graves « carences » en protéines. Mais le végétarien dispose d'autres sources de protéines : le soja en particulier, les pois chiches, en contiennent d'énormes quantités. Le sarrasin renferme des acides aminés qu'on croyait ne trouver que dans la viande.

« Divers congrès sur la nutrition ont prouvé que la valeur biologique des protéines fournies par les légumes verts et les céréales entières, quand elles s'additionnaient, étaient infiniment supérieures à celles d'origine animale... », écrit A. Passebecq[2].

Que comporte l'alimentation du végétarien ?

— des céréales, complètes de préférence mais non exclusivement : blé, riz, millet, orge, maïs, etc. ;
— des légumes frais, des salades ;
— des légumes secs : haricots, lentilles, soja (protéines, matières azotées) ;

---

[1]. De nombreux tests ont prouvé que la résistance à la fatigue, la force et l'endurance sont supérieures chez les végétariens...
Aux États-Unis, les Mormons, qui ont un régime pauvre en viande, avec beaucoup de fruits et de céréales, vivent mieux et plus longtemps que la majorité de leurs concitoyens. Leur mortalité cancéreuse n'est que la moitié de celle de la population en général.
[2]. A. Passebecq, *L'Alimentation de santé*.

— des fruits frais et secs (vitamines, sels minéraux) ;
— des produits laitiers : lait, caillé, yaourt, beurre, fromage (vitamines, protéines, ferments lactiques) ;
— des huiles végétales : olive, maïs, arachide, tournesol, noix, etc. ;
— des sucres, du miel, des gâteaux et entremets ;
— des herbes aromatiques et des épices (vitamines, sels minéraux) ;
— les « compléments », extraits d'aliments naturels, concentrent des éléments nutritifs et fortifiants : levure, germes de blé, pollen, etc. ;
— éventuellement des œufs (protéines, albumine).

Par nature, l'homme n'est pas un carnivore. Son anatomie et son système digestif le rattachent au groupe des frugivores et laissent penser qu'il doit avoir évolué pendant des millions d'années en se nourrissant de fruits, de légumes, de céréales : intestins très longs pour la digestion lente des végétaux qui se décomposent lentement, dentition inadaptée au régime carnivore, mais ressemblant à celle des herbivores...

Quelques végétariens célèbres :

Pythagore, Platon, Socrate, Ovide, Plutarque, Chrysostome, Léonard de Vinci, Tolstoï, Newton, Shakespeare, Jean-Jacques Rousseau, Voltaire, Wagner, R. Tagore, G.B. Shaw, Gandhi, Albert Schweitzer, Bob Dylan...

Pourquoi être végétarien ?

On peut être végétarien pour des raisons aussi nombreuses que diverses :

• *Par hygiène.* Les viandes des animaux « poussés » sont souvent chargées en hormones, en antibiotiques, en nourritures chimiques...

Au moment de l'abattage, l'animal émet, sous l'effet de la peur et de la souffrance, une grande quantité d'adrénaline, d'acide urique et de déchets qui se répandent dans son corps.

Aussitôt que la vie cesse, sa chair entre en décomposition et sécrète des toxines (ptomaïne, etc.).

La viande, le poisson et les œufs ont une propriété commune : ils se putréfient rapidement. Or, la viande est vendue et consommée une à deux semaines après l'abattage et engendre des poisons violents dans le système digestif.

• *Pour sa santé.* Une alimentation végétarienne équilibrée favorise la désintoxication du corps. « L'ignorance fait croire à certains que plus l'on se gave de viandes saignantes, mieux l'on résiste à la fatigue et à la maladie[1]. »

En fait, les statistiques ont montré que les nations grandes consommatrices de viande ont le pourcentage le plus élevé en maladies de cœur, cancer et dégénérescence.

Les meilleurs aliments sont, pour l'homme, non pas les viandes qui apportent de la force vitale déjà usée, et des poisons organiques, mais les fruits frais, les oléagineux, les produits laitiers, susceptibles de germer et de pousser, et capables de fournir la force vitale, l'énergie et le nombre suffisant de protéines.

C'est là un principe essentiel du végétarisme : consommer de la nourriture vivante à la place de nourriture morte.

• *Par économie :*
— *économie domestique.* Cet aspect n'est pas négligeable. Un régime végétarien original, délicieux et riche en protéines peut faire diminuer les dépenses alimentaires de 50 % environ ;
— *économie mondiale.* La consommation accrue de viande dans les pays riches a une incidence directe sur l'équilibre alimentaire du monde, en ce qu'elle détourne une énorme quantité de céréales au profit de l'élevage.

Nous consommons — par bétail interposé — une tonne de céréales par personne et par an, tandis que le reste du monde en consomme 180 kg en moyenne. *Manger de la viande est un acte politique*, qui fait monter de façon artificielle le prix des céréales, « retire le grain du pauvre pour nourrir la vache du

---
[1]. *Naturopathie et yoga*, M.S. Hamsananda Sarasvati (Albin Michel).

riche » (Max Milner, Nations-Unies), aggrave la misère et la famine dans le tiers monde...

• *Par éthique.* L'élevage accéléré des veaux, des volailles, le gavage des oies, la souffrance des bêtes tuées à grande échelle, le spectacle d'un abattoir peuvent inciter certains à refuser de participer à la violence à l'égard des animaux.

On objectera que les plantes aussi sont des organismes vivants, susceptibles de souffrance — les expériences les plus récentes l'ont démontré. Mais si une certaine forme de destruction est inévitable, les aliments doivent être choisis autant que possible parmi les êtres chez qui le développement de la conscience est le plus faible.

• *Par religion.* De nombreuses religions ont limité ou interdit la consommation de viande, reconnaissant le caractère sacré de toute vie et la nécessité de ne pas causer de souffrance pour le seul plaisir de son palais. Pour ceux qui croient en la réincarnation, l'homme n'a pas le droit d'interrompre le « cours de l'évolution d'une âme ».

• *Par « technique » spirituelle.* Des sages et des mystiques de tous les temps ont préconisé des règles alimentaires visant à la purification matérielle du corps, favorisant la santé, la maîtrise des passions, pour éveiller des facultés plus ou moins endormies chez l'homme et favoriser son épanouissement spirituel. Parmi les groupements spirituels ayant conseillé le régime végétarien, nous trouvons : les bénédictins, les trappistes, les hindous, les bouddhistes, les zoroastriens, les esséniens, les théosophes, les jaïns, les taoïstes, les rosicruciens...

Ceux qui pratiquent une forme de yoga, de méditation, ne se nourrissent pas n'importe comment et évitent la viande qui entrave le travail de purification des corps subtils et l'ouverture des centres d'énergie ou chakras.

Selon le yoga, il existe une relation directe entre la nature des aliments consommés et celle des pensées ou sentiments engendrés par l'être humain : l'alimentation carnée développe l'agressivité et entretient les instincts animaux.

• *Par dégoût de la viande,* permanent ou temporaire. Beaucoup de personnes se forcent, par habitude ou sous l'influence de l'entourage et des idées reçues, à avaler un aliment qui leur déplaît. L'aversion pour la viande est fréquente chez les enfants.

• *Par goût...* et c'est le propos de ce livre, qui ne s'adresse pas seulement aux végétariens, mais aussi à tous ceux qui savent apprécier les bonnes choses...

Ni masochisme ni frustration

Avec la viande, le végétarien doit aussi abandonner ses regrets.

Deux conditions sont nécessaires pour celui qui adopte un régime végétarien : être convaincu de son bien-fondé — et surtout : l'accepter profondément.

En général, le goût de la viande se perd plus vite que l'envie. Au début surtout, il est préférable de se permettre un écart de temps à autre plutôt que d'être torturé par le souvenir du saucisson ou du poulet rôti...

Trop de végétariens ont une attitude masochiste par rapport à la viande qui les dégoûte et les attire à la fois. Étant nous-même végétarienne depuis plusieurs années, nous n'en pensons pas moins qu'il vaut mieux manger de la viande avec joie qu'être un végétarien triste et frustré, prisonnier de ses dogmes alimentaires...

Le végétarisme n'est pas une religion, bien qu'il soit indissociable d'une croyance religieuse dans l'esprit de nombreuses personnes. Même pour ceux qui le suivent dans un but spirituel, rappelons qu'un régime alimentaire n'est jamais qu'un moyen, non une fin. Il est une « béquille » parmi d'autres, une technique favorisant l'harmonie, l'épanouissement intérieur — il n'en est pas la condition sine qua non.

L'important reste l'attitude mentale face à la nourriture et, plus largement, la nature des pensées et sentiments entretenus dans le champ de la conscience par ceux qui la partagent comme par ceux qui la préparent.

Alchimie culinaire

De bonnes conditions psychologiques aident en effet à profiter de l'influence heureuse du repas sur notre santé, notre caractère, nos aspirations, nos relations avec autrui. Dans l'un de ses livres[1], M.S. Hamsananda Sarasvati écrit à ce sujet :

> « Les pensées inspirées par la crainte, la jalousie, la colère, la rancune, la haine, provoquent la libération d'*hormones négatives* qui empoisonnent l'organisme. Ces hormones gênent la digestion, transforment les aliments en générateurs de maladies.
>
> Inversement, les *hormones positives* générées sous l'influence des sentiments de joie, d'amour, de reconnaissance servent de bienfaisants catalyseurs dans les transformations biochimiques intéressant les aliments absorbés.
>
> La maladie, comme la santé, dépendent d'un certain climat psychologique intérieur...
>
> Ces faits n'ont pas échappé aux instructeurs de toutes les religions qui préconisent de se préparer heureusement à l'œuvre de la transformation en générant des pensées d'amour à tous les humains, de prier le Divin de bénir les aliments, cela avant de commencer tout repas. »

Pendant le repas : manger dans un climat de calme, d'harmonie, en évitant de ruminer ses soucis, ses préoccupations professionnelles et autres. Ne pas se lancer dans des discussions animées ou violentes. Faire montre de bonne humeur et de sérénité. Manger sans hâte, en mâchant, pour favoriser l'absorption de l'énergie vitale contenue dans les aliments.

Après le repas : « oublier tout ce que l'on a mangé et penser à autre chose qu'à la nourriture[2] ».

De l'amour et des pensées émises en cuisinant

Ici, nous entrons dans le domaine de la cuisine en tant qu'*acte magique* : l'aliment chargé des pensées bienveillantes de celui qui le prépare véhicule une onde bénéfique qu'il transmet à celui qui le consomme. Elle est à coup sûr perçue par celui-ci, mais rarement

---
1. *Naturopathie et yoga,* ouvrage cité.
2. *Alimentation de santé,* ouvrage cité.

de façon claire et consciente, car nous attribuons souvent au goût de l'aliment le bien-être éprouvé à savourer un plat dont tout le secret réside en fait dans l'attitude mentale de son auteur... Qui n'a fait l'expérience de ce « quelque chose » d'irremplaçable distinguant de toutes les autres la cuisine préparée par une mère, une vieille tante ou un ami cher ? Inversement, nous éprouvons un malaise indéfinissable en absorbant des nourritures préparées avec indifférence, manque de soin, hostilité ou colère...

Ce n'est pas un hasard si toute notre génération a la nostalgie de la cuisine « à l'ancienne » — nostalgie abondamment exploitée par la publicité, qui habille pots de yaourt et de confitures de rassurantes Mamies vêtues de tabliers à carreaux comme dans les souvenirs de notre enfance.

Certes, nos grand-mères passaient plus de temps devant leurs fourneaux que les femmes d'aujourd'hui et elles avaient une meilleure connaissance des « petits secrets » qui font la bonne cuisine. Mais elles utilisaient surtout un ingrédient qui se fait rare à notre époque : l'*amour*.

Amour de la chose bien faite, conscience d'accomplir une œuvre d'art et un acte sacré, et surtout, amour de ceux que l'on nourrit, désir de les rendre heureux, de les voir se régaler...

Amour que l'on ne trouve ni dans les pots de yaourt ou d'entremets industriels, ni dans l'anonymat des « self », ni chez les femmes qui assimilent la cuisine à une corvée dégradante.

Cet amour, il existe encore chez les paysans de nos provinces, dans l'intimité des familles indiennes, sous la tente des nomades du Moyen-Orient, à travers les éclats de rire des matrones africaines, dans tous ces « ailleurs » dont les nourritures deviennent de plus en plus à la mode : parce que, à notre insu, nous y cherchons sans doute, bien plus que des saveurs nouvelles, le goût de la chaleur humaine qui fait de plus en plus défaut chez nous.

À propos des épices...

Épice : « substance aromatique servant à assaisonner ».

On trouve facilement la plupart des épices mentionnées dans ce recueil, à l'exception de certaines nécessitant un peu de recherche et d'efforts : gingembre frais, tamarin, nigelle, grains de moutarde... Quelques-unes sont encore difficiles à se procurer dans nos pays (poudre de mangue, feuilles de curry). Nous avons donc limité le nombre de recettes qui en font l'emploi ou indiqué entre parenthèses des substituts possibles, sinon souhaitables...

• Lorsque vous vous rendez à l'étranger, ou si vos amis voyagent, pensez à faire vos provisions d'épices dans les pays d'origine : Afrique du Nord, Espagne, Moyen-Orient, Inde, Amérique du Sud... ou, tout simplement, dans les pays d'Europe où certaines sont d'usage plus courant et meilleur marché qu'en France.

D'une façon générale et autant que possible : achetez les épices entières et réduisez-les en poudre chez vous. Il suffit pour cela d'un moulin à café électrique réservé à cet usage et d'un tamis.

Une légère torréfaction, dans une poêle ou au four (cette dernière est plus délicate), exhale l'arôme de certaines, comme la coriandre ou le fenugrec. Il y a une énorme différence de saveur entre une épice fraîchement moulue et la même achetée en poudre dans une boutique (à moins que votre fournisseur ne les prépare lui-même). C'est aussi une garantie quant à la qualité, certaines épices en poudre du commerce contenant en fait un mélange de qualité inférieure : c'est le cas pour la cannelle souvent mêlée de casse et pour certains poivres noirs additionnés de noyaux de dattes broyés...

• Il y a en cuisine trois façons principales d'utiliser les épices :
— Telles quelles, entières ou moulues, dans l'eau de cuisson des légumes et des céréales, avec sauces et marinades, dans les pâtes à gâteaux, les sablés, les tartes. C'est l'usage le plus répandu en Occident.
— En les faisant revenir au préalable dans du beurre, de l'huile ou une graisse végétale. Lorsque l'arôme se dégage, on ajoute au mélange l'aliment à cuire. C'est la méthode utilisée dans les pulaos et dans certains currys.
— En les faisant revenir de même dans un corps gras, mais pour les rajouter à un plat déjà cuit, un légume sec par exemple.

Nous ajouterons un quatrième emploi, que nous considérons comme une bonne habitude : en Inde, on offre souvent à la fin du repas quelques épices à mâchonner — clou de girofle, grains d'anis ou de cardamome, noix d'arec... Elles parfument agréablement l'haleine, rafraîchissent le palais échauffé par un mets pimenté et facilitent la digestion.

Il est utile d'avoir toujours quelques épices dans sa poche... c'est moins encombrant qu'un tube de dentifrice, surtout si vous êtes au-dehors et que vous mangez des oignons crus !

• N'importe quelle herbe aromatique ne se marie pas avec n'importe quel plat. De même, il faut savoir quelle épice utiliser de préférence avec tel aliment. Là encore, tournons-nous vers l'Inde, où la tradition a transmis des mélanges savoureux et efficaces. Rien n'interdit à chacun d'innover, mais on improvisera d'autant mieux que l'on aura d'abord compris pourquoi cette épice-ci ne se trouve pas par hasard avec ce légume-là, mais remplit une fonction à la fois aromatique et médicinale... Toutes les épices, en effet, possèdent des vertus thérapeutiques.

• Dans cet esprit, voici un bref répertoire des épices « exotiques » citées dans ce livre, expliquant ce qu'elles sont (graine, fleur, fruit, écorce ou racine), d'où elles viennent, où les trouver, comment les utiliser et quelles sont leurs propriétés.

• L'ANETH est une variété d'ombellifère, comme le fenouil, le cumin, le carvi et l'anis.

Connu en Europe dès le Moyen Âge, il pousse facilement dans les pays méditerranéens, mais est employé surtout dans l'Europe du Nord (Allemagne, Russie, Scandinavie). On utilise sa feuille fraîche et surtout sa *graine* dont le goût, un peu amer, rappelle celui du carvi. Il parfume classiquement les concombres à la crème ou au yaourt, les courgettes en salade.

C'est une épice précieuse à mettre dans les fèves, les haricots et lentilles, car elle favorise l'expulsion des gaz. Elle est antispasmodique et calmante, recommandée contre le hoquet et les vomissements.

En infusion : 1 cuillerée à café de graines par tasse d'eau bouillante, deux à trois fois par jour.

• L'ANIS, originaire du Proche-Orient, est aujourd'hui cultivé pour sa *graine* en Afrique du Nord, en Europe méridionale et en Inde.

C'est une épice très courante et bon marché. On peut en parfumer des pâtisseries (biscuits, pain d'épice), des compotes (figues), certaines salades ou crudités, les marrons et châtaignes bouillis.

L'anis est digestif et parfume agréablement l'haleine. Pour cette raison, il fait partie des épices que l'on mâche après le repas en Orient, tandis que chez nous, il est surtout utilisé pour fabriquer des boissons (pastis, anisette).

• L'ASSA-FOETIDA, d'un mot latin signifiant « ail fétide », se présente comme une sorte de *résine* à l'odeur forte d'ail et de soufre. On l'obtient en coupant à leur base les tiges de certaines variétés de fenouil : la sève qui s'en écoule se solidifie en séchant.

Il ne faut pas la juger sur son odeur désagréable. Utilisée en petites quantités, elle aromatise très bien légumes ou lentilles. En Inde, elle est une des épices importantes dans la cuisine végétarienne. Elle n'est, hélas, pas très courante dans nos épiceries. On la trouve dans quelques boutiques indiennes sous forme de blocs de résine, ou réduite en poudre, ce qui est plus pratique, ainsi qu'en pharmacie, où elle est utilisée comme antispasmodique et emménagogue (pour faire venir les règles).

Attention ! Conservez-la dans une boîte de métal ou un flacon étanche pour que son odeur n'envahisse pas votre cuisine...

• La CANNELLE est l'écorce desséchée d'un arbrisseau de la famille des lauriers. La meilleure vient de Ceylan, d'où elle est originaire.

Pendant longtemps, l'Europe importa sous le nom de « cannelle de Chine » une plante voisine de la cannelle appelée « casse » ou « canéfice », au parfum très proche mais moins subtil. Les deux sont encore souvent confondues et vendues sous le même nom. La véritable cannelle — plus chère — se reconnaît à son écorce plus fine et plus sombre.

On l'utilise en pâtisserie avec riz et semoule, chocolat, tartes, compotes. Pommes et cannelle sont presque des inséparables... Avec du lait sucré ou du vin chaud, c'est un excellent préventif de la grippe et des refroidissements. Elle a également une bonne influence sur la circulation du sang et se révèle efficace dans les affections respiratoires. Elle calme la toux, fortifie le foie. Tonifiante, elle est bonne contre la fatigue et le manque d'appétit. Elle est aussi antiseptique (utilisée avec certaines viandes dans les pays chauds, elle en prévient la putréfaction).

• La CARDAMOME pousse à l'état sauvage dans les collines du même nom, en Inde du Sud. Sa culture s'est maintenant étendue à plusieurs régions tropicales. Ses petites *gousses*, de couleur vert pâle (quand elles n'ont pas été blanchies), renferment des *graines* noires ou brunes au parfum fort — mais non piquant — et très rafraîchissant. On les récolte au ras du sol, sous les branches les plus basses de la plante : cette cueillette délicate en fait une épice assez chère.

Peu connue en France, la cardamome est employée couramment en Russie, Allemagne et Scandinavie, dans les pâtisseries, la confiserie, la distillerie. Au Moyen-Orient et en Asie, elle entre dans les plats de riz, de légumes, sous forme de gousse entière ou légèrement fendue afin que les graines répandent mieux leur parfum. Dans les mets sucrés (halva, riz au lait, crèmes) on l'utilise plutôt en poudre. Elle est facile à écraser soi-même.

Elle sert également à parfumer des boissons : thé aux épices des régions himalayennes, café à la cardamome des Bédouins, lait chaud ou froid (le faire bouillir avec 1 ou 2 gousses).

Outre les boutiques orientales ou spécialisées, on trouve maintenant la cardamome parmi les petits pots d'épices du commerce, dans la gamme des grandes marques. Panacée des maladies intestinales, elle facilite aussi le travail de l'estomac et est donc recommandée en cas de digestion difficile. La graine croquée ou mâchée parfume très agréablement et durablement l'haleine. On l'utilise aussi en infusion, à raison de 30 g par litre, dans certains cas de troubles nerveux ou cardiaques.

• Le CARVI, dit aussi « carvi de Hollande » ou « cumin des prés », pousse facilement en Europe, Afrique du Nord et aux États-Unis.

Dans certains pays, on mange ses racines comme légume et ses jeunes feuilles fraîches peuvent s'utiliser comme le persil. Mais il est cultivé pour sa *graine*, dont l'usage est surtout répandu en Allemagne et en Autriche (pains, pâtisseries, fromages, choucroute, liqueurs). Sa saveur chaude, piquante et sucrée à la fois, s'accorde bien avec les fromages forts (munster), mais aussi avec yaourt, fromage blanc, salade de chou.

Dans les currys indiens et les dâls, il est moins employé que le cumin. Cependant, ceux qui n'aiment pas la saveur forte et dominante de ce dernier peuvent lui substituer le carvi, plus discret.

Le carvi est plus spécialement recommandé pour lutter contre l'aérophagie, car il débarrasse fort bien l'estomac de ses gaz.

• La CORIANDRE est d'usage très ancien — à la fois culinaire et médical — en Europe, en Chine, en Inde et en Amérique du Sud.

Fraîche, elle est le végétal le plus riche en vitamine C. On la trouve dans les boutiques chinoises et vietnamiennes, parfois vendue sous le nom de « persil chinois ». Elle est facile à semer et à faire pousser chez soi, pour en avoir toujours à portée de la main. Hachée ou émincée, on peut en parsemer de nombreux plats. En cours de cuisson, elle entre dans la préparation du curry et du chutney, auxquels elle donne une saveur irremplaçable.

En graines, rondes et claires, de la taille d'un grain de poivre, elle est vendue dans toutes les épiceries. Utilisée par les confiseurs (pain d'épice), elle entre également dans la composition de diverses liqueurs digestives. On peut en parfumer salades, pâtés végétaux, sauces, marinades, cornichons, artichauts, champignons ou autres légumes « à la grecque ».

En poudre, on l'utilise dans des plats de riz, légumes, currys, etc. Pour obtenir le maximum de saveur et de fraîcheur, il est préférable de moudre soi-même les graines, après les avoir légèrement torréfiées.

Attention ! La coriandre en graines ou moulue ne peut remplacer la coriandre fraîche dans les plats qui en comportent : la feuille fraîche et la graine ont des goûts absolument différents.

Très efficace dans les affections gastro-intestinales, la coriandre favorise à la fois la sécrétion du suc gastrique et l'expulsion des gaz. Elle rend service dans les digestions difficiles. Stimulante, elle est également recommandée pour relever le tonus après un bon repas (en infusion : 1 à 2 cuillerées à café par tasse d'eau bouillante, pendant 10 minutes).

• Le CUMIN est cultivé dans les pays méditerranéens, le Moyen-Orient, l'Inde, l'Amérique. C'est une plante de la famille des ombellifères.

On le trouve facilement dans le commerce, sous forme de *graines* ou moulu. Il sert à relever le goût de pains, de gâteaux, de fromages blancs frais ou de fromages forts, des haricots, de la choucroute... Il entre dans la préparation du couscous marocain, de spécialités sud-américaines et de nombreux currys.

Stimulant et diurétique, facilitant la digestion, il possède des propriétés communes à l'anis, au fenouil et au carvi. Souvent confondu avec ce dernier, il a cependant un goût bien distinct, qui tend à dominer les plats dans lesquels on l'utilise.

• Le CURCUMA est vendu en poudre d'un beau jaune vif, légèrement orangé. C'est une plante originaire d'Asie du Sud-Est (Inde, Vietnam, Chine). Son *rhizome*, qui ressemble un peu à celui du gingembre, mais plus rond et jaune intérieurement, est bouilli puis séché au soleil avant d'être moulu.

On l'utilise toujours sous forme de *poudre* pour colorer et parfumer le riz, les légumes, les condiments, les pâtes, certains desserts.

C'est lui qui donne sa saveur caractéristique au « curry » du commerce qui en comprend une forte quantité (70 %) ; trop forte d'ailleurs, elle permet au connaisseur de distinguer immédiatement un véritable curry du mélange standard répandu sous ce nom en Europe, mais qui n'est jamais utilisé dans la cuisine indienne.

Le curcuma est aussi appelé par erreur « safran des Indes ». Il n'a de commun avec le safran que son pouvoir colorant, mais leurs saveurs sont radicalement différentes et l'on ne saurait remplacer l'un par l'autre.

Le curcuma stimule le foie, excite les fonctions digestives. En Inde, on le préconise dans les cas de jaunisse, les troubles urinaires et contre certaines dermatoses prurigineuses.

• Le CURRY est un *mélange d'épices* qui se présente comme une *poudre* à teinte jaune dans laquelle domine le parfum du curcuma, et que l'on suppose très utilisé dans la cuisine indienne. Par extension, on appelle ainsi tous les plats assaisonnés à titre principal avec cette poudre, qui n'ont rien à voir avec les authentiques currys indiens.

Curry viendrait d'un mot tamil, « kari », qui signifie « sauce » et désigne en Inde un nombre incalculable de mets en sauce épicée. Le mélange d'épices qui donne à chaque sauce sa saveur n'est bien sûr pas le même selon qu'il s'agit de tel ou tel légume, de viande, de volaille ou de poisson. Girofle, gingembre, cannelle, cumin, coriandre, curcuma, muscade, fenugrec, graines de moutarde, poivre, piment sec ou frais, graines de pavot, feuilles de curry fraîches sont les épices qui composent le plus souvent les currys, en nombre et en proportions variant d'une région ou d'une caste à l'autre, chacune ayant sa tradition culinaire. Il n'existe donc pas de « poudre de curry » convenant à tous les plats. Le mélange habituel que nous connaissons ici étant une invention pour les Occidentaux, on peut l'utiliser dans les recettes de sauces ou de salades élaborées selon nos habitudes, mais il faut le proscrire dans la préparation de la cuisine indienne.

Dans les currys indiens, les épices peuvent se présenter sous deux aspects :

— *Réduites en poudre* après avoir été légèrement grillées. Un mélange simple de cette nature est le « garam masala » dont nous avons indiqué deux formules parmi d'autres : il n'assaisonne pas une préparation à lui tout seul mais, une fois préparé, entre dans de nombreux plats, comme une épice parmi d'autres. Nous avons également donné une formule de « poudre de curry » à préparer chez soi, spécialement conçue pour les mets végétariens.

Les diverses épices : graines, gingembre et piments frais, auxquels peuvent s'ajouter de l'oignon et de l'ail, sont travaillées au pilon pour obtenir une sorte de pommade ou *pâte de curry*.

— *Feuilles de curry* : ce sont les feuilles d'une petite plante de la même famille que le citronnier, qui pousse couramment dans certaines régions de l'Inde. Elle est indispensable dans la cuisine du sud de ce pays, à laquelle elle donne un goût caractéristique. Il est malheureusement très difficile de s'en procurer sèche (et plus encore fraîche), sauf dans quelques épiceries orientales très bien approvisionnées.

• Le FENOUIL est une ombellifère cultivée en Europe, Amérique et Asie. Il contient une essence que l'on retrouve dans l'anis, ce qui lui donne un goût similaire, mais plus amer, moins doux.

Le *bulbe* (base des tiges) d'une variété de fenouil se mange cru en salade, ou cuit. Les *feuilles* s'utilisent comme une herbe : hachées, on peut en saupoudrer olives, concombres, fèves ou haricots. La *graine* parfume certaines sauces, salades, soupes, châtaignes et marrons bouillis, ragoûts de légumes...

Le bulbe est surtout diurétique. La graine est un excellent stimulant de tout l'appareil digestif, dont elle augmente la force motrice. En cas de paresse de l'estomac, il faut la préférer aux autres semences d'ombellifères (anis, cumin ou carvi). On attribue enfin au fenouil des vertus amaigrissantes.

• Le FENUGREC, du latin *Fenum graecum* ou « foin grec », est une légumineuse qui pousse dans les pays méditerranéens. Sa *graine*, beige-jaune, a une odeur caractéristique, une saveur légèrement amère. Elle entre dans la composition de la poudre de curry vendue en Europe. Le fenugrec prévient les flatulences et fait grossir à forte dose.

On utilise la graine entière ou moulue après l'avoir torréfiée, ce qui exhale son parfum. En Asie, on consomme également ses feuilles fraîches comme un légume.

• Le GENIÈVRE. Le genévrier, arbuste épineux, croît dans toute l'Europe. En automne, on peut cueillir soi-même les *baies* pour en avoir de très fraîches et parfumées. Dans la cuisine occidentale, les baies de genièvre aromatisent surtout les gibiers, mais les végétariens s'en serviront pour les potages, les marinades, les choux-fleurs, choux blancs braisés et, bien entendu, la choucroute.

Elles ont de puissantes vertus antiseptiques et favorisent l'élimination des toxines, étant diurétiques, sudorifiques et dépuratives. Elles tonifient le système nerveux.

Les fumigations de baies sont un bon remède contre le rhume et purifient l'atmosphère.

• Le GINGEMBRE pousse en Afrique et en Orient. C'est son *rhizome* qui est utilisé comme épice.

Frais, on le trouve dans les boutiques asiatiques et certaines épiceries de luxe. Il faut le choisir ferme et lisse, éviter les vieilles « racines » ridées, molles ou desséchées. Il est très utilisé dans la cuisine en Inde, en Chine, au Vietnam. Dans ces deux derniers pays, on le consomme aussi confit, enrobé de sucre, en fines lamelles ou en morceaux.

En poudre, il est employé dans la cuisine occidentale, surtout dans certaines sauces, salades, liqueurs et pâtisseries (cakes et biscuits en Angleterre, Hollande, Allemagne). On peut aussi en saupoudrer des salades et même des fruits frais. Il est recommandé dans les régimes sans sel. Il faut le choisir de très bonne qualité ou, pour être certain de lui conserver sa saveur, broyer soi-même les racines séchées.

Le gingembre, apéritif et digestif, fortifie l'estomac, aide à l'expulsion des gaz intestinaux. Il est pectoral, fébrifuge et fait transpirer.

Pour éclaircir la voix et lutter contre les maux de gorge : un jus de citron additionné de miel et de gingembre frais râpé. Si vous êtes aphone : décoction concentrée en gargarismes.

• Le GIROFLE, originaire d'Asie, est aujourd'hui cultivé dans plusieurs îles tropicales (Madagascar, Zanzibar), car il pousse au bord de la mer. Les « clous » sont les *fleurs* roses de l'arbre qui sont cueillies encore en bouton et séchées au soleil où elles prennent leur teinte brun rougeâtre.

La saveur caractéristique du girofle provient d'une essence fortement antiseptique qu'il contient : associée chez nous au cabinet du dentiste, elle est très appréciée comme parfum par les femmes d'Afrique du Nord.

Il calme non seulement les douleurs dentaires, mais les maux de tête. On le trouve bon pour fortifier l'estomac et le cœur. Il suractive les glandes digestives à tous les niveaux, permet de lutter contre fermentations et ballonnements. Avec les mets lourds, lentilles, potages, ragoûts, pot-au-feu, on peut le piquer dans un oignon. Un clou pilé parfumera pâté végétal, beignets de légumes ou carottes braisées... Il entre aussi dans certains gâteaux, compotes, condiments et, en Inde, dans plusieurs currys, mélangé en général à la cannelle et à la cardamome.

On emploie parfois le girofle en poudre, mais là encore il est souhaitable de le broyer soi-même au fur et à mesure des besoins — d'autant plus qu'il faut en user avec beaucoup de discrétion parce que sa saveur forte est très pénétrante et qu'une grande quantité de poudre moulue d'avance s'éventera si on la conserve trop longtemps.

À la campagne, en été, décorez votre table avec une orange piquée de clous de girofle pour éloigner les moustiques.

À propos des épices...

- Le GLUTAMATE DE SODIUM n'est pas vraiment une épice, mais un sel obtenu chimiquement à partir de substances végétales (blé, gluten, betteraves, etc.). Il sale peu, mais fait ressortir le goût des aliments. Chinois et Japonais s'en servent beaucoup dans leur cuisine à cet effet. On peut en saupoudrer crudités, soupes, légumes, mais il ne faut pas en abuser : à long terme, il serait dangereux pour le foie et il peut provoquer des allergies.

- La MOUTARDE est un *condiment* préparé à partir des graines de trois plantes de la famille du chou : la *moutarde noire* aux minuscules graines rondes et noires (c'est le fameux grain de sénevé de la parabole) ; la *moutarde de Chine* à feuille de chou, de couleur sombre également, difficile à distinguer de la première ; la *moutarde blanche*, dont la graine jaunâtre, plus grosse, est moins forte et moins parfumée.

La saveur et le piquant de la moutarde se dégagent sous l'action d'un enzyme, lorsque la graine, écrasée, est mélangée à de l'eau. Certains en ont fait l'expérience avec les cataplasmes de moutarde, qui doivent, pour cette raison, être humectés avant l'application...

Les moutardes condiments sont de force et de goût différents selon la graine employée (celle de Dijon n'utilise pas de moutarde blanche), selon qu'elles contiennent du vin blanc, du vinaigre et certaines herbes aromatiques.

— La *graine de moutarde* noire ou de Chine est utilisée comme épice en Orient, spécialement en Inde dans la cuisine végétarienne. En général, on la fait revenir dans un corps gras jusqu'à ce qu'elle éclate ; le goût n'est pas très fort et n'a rien de commun avec celui de la moutarde condiment, mais il est essentiel pour obtenir la saveur authentique des préparations qui en comportent.

— Des *huiles*, obtenues à partir des différentes graines de moutarde, sont parfois employées pour faire cuire certains plats, auxquels elles confèrent une note très particulière (huile de colza ou huile de moutarde, vendue en pharmacie).

- La MUSCADE :
— La *noix muscade* est la graine d'un fruit que l'on trouve aux Antilles, aux Philippines, en Indonésie. L'emploi de cette épice

en cuisine est très indiqué pour faciliter la digestion des féculents ou des corps gras. Elle combat les fermentations.

On la râpe directement dans les croquettes et purées de pommes de terre, le potiron, les épinards et salades cuites, les sauces blanches, béchamel, le fromage. Elle parfume aussi pains d'épice, sablés, tartes, crèmes et chutneys.

En friction, elle est efficace contre les douleurs rhumatismales et les névralgies dentaires. Elle est calmante, même légèrement soporifique. Salutaire à petite dose, elle peut devenir nuisible, voire vénéneuse, en grande quantité.

— La *fleur de muscade* ou *macis* est la fine peau rouge qui entoure la « noix » ou graine à l'intérieur du fruit. Séchée, son arôme est voisin de celui de la noix, quoique plus délicat. Elle s'emploie en pâtisserie, dans des sauces, des soupes, mais elle est très chère et peut être aisément remplacée par la noix muscade râpée.

• La NIGELLE est un genre de renonculacée dont la petite *graine* noire et pointue sert d'épice. Rarement utilisée dans nos pays, elle est plus courante au Moyen-Orient et en Inde. On peut parfois la substituer au poivre. Mélangée à des graines de moutarde, de fenouil et de fenugrec, elle donne une saveur agréable à certains légumes : choux-fleurs, carottes...

• Le PAPRIKA ou « piment de Hongrie » est vendu sous forme d'une *poudre* à la belle couleur rouge-orange, qu'il ne faut pas confondre avec le piment rouge fort. Il est obtenu avec une certaine variété de piments, dont on retire le plus souvent les graines pour ne conserver que la pulpe, plus douce, qui sera broyée une fois sèche. Sa saveur est caractéristique de la cuisine hongroise, à laquelle on associe son nom.

Il parfume ragoûts de légumes, pommes de terre, maïs, fromages frais ou blancs, sauces tomates, céréales, chou rouge cru, etc. Tandis que le piment s'utilise avec prudence et par petites doses, on peut sans crainte user du paprika en quantités plus abondantes. Il est très riche en vitamine C.

À propos des épices...

• Le PAVOT, originaire du Moyen-Orient, est cultivé en Asie et dans certaines parties de l'Europe (Balkans, Allemagne).

Il est bien connu pour ses vertus médicinales et soporifiques. L'opium est extrait des *graines* encore vertes. Une fois mûres, celles-ci n'en contiennent plus du tout et sont utilisées comme épice. L'Allemagne a de nombreux gâteaux fourrés aux graines de pavot ; on en décore pains et biscuits, auxquels il donne une saveur raffinée rappelant celle de la noisette. En Inde, il entre dans la composition de nombreux currys, à la fois pour son arôme délicat et pour donner à la sauce une consistance plus épaisse et onctueuse. On extrait également de la graine une *huile* qui peut être utilisée en cuisine.

On peut employer indifféremment les graines blanches ou bleu-noir, les deux ayant le même goût.

• Le PIMENT est le *fruit* d'une myrtacée, à la saveur brûlante, qui est utilisé comme condiment soit *frais*, soit *séché* et entier ou réduit en poudre.

Riche en vitamine C, il a des propriétés antiseptiques, digestives, et stimule l'estomac. Il est pour cette raison très utilisé comme assaisonnement dans les pays chauds, car il redonne de l'appétit et permet de « faire passer » les aliments les plus fades.

Originaire d'Amérique du Sud, surtout du Brésil, où il était cultivé depuis des temps très anciens, il s'est largement répandu dans tout l'Orient et en Afrique. Il en existe de nombreuses variétés, de tailles et de forces différentes.

— Le *piment doux* ou *poivron*, de couleur verte, jaune, rouge ou orangée, est consommé frais en salade ou cuit comme un légume. Malgré son nom, ce n'est pas à proprement parler un piment, il n'en a pas la saveur piquante et appartient d'ailleurs à une autre famille.

— Le *piment « langue d'oiseau »* ou *piment rouge fort*, de toute petite taille comme le laisse deviner son nom poétique, est vendu séché, entier ou en poudre. On peut facilement l'écraser ou le moudre soi-même.

Peu utilisé dans la cuisine occidentale, il est courant dans les cuisines « exotiques ». Ceux qui n'ont pas l'habitude doivent en user avec modération : il pourrait leur causer une irritation du système digestif.

— Le *piment de Cayenne* ou *poivre de Cayenne* est une variété de piment originaire de Cayenne, plus doux que le précédent.

— Le *piment de Hongrie* : voir *Paprika*.

— Le *piment vert frais* entre dans la préparation de nombreux plats vietnamiens et indiens (chutneys, légumes, croquettes de pommes de terre ou de céréales). Il ne faut pas se fier à sa couleur qui lui donne un aspect rafraîchissant... Explosif, il est réservé aux amateurs de nourritures fortes et brûlantes. Mais ceux que l'on trouve en France sur les marchés ou dans les épiceries arabes et asiatiques sont en général relativement doux : c'est donc à chacun d'adapter la quantité indiquée dans les recettes, après avoir expérimenté la force des piments qu'il peut se procurer.

Pour ceux qui aiment, on peut mettre sur la table une assiette avec des piments verts, à croquer tels quels. Quelques piments débités en fines rondelles et macérant dans un bol de vinaigre accompagnent très bien les plats chinois ou vietnamiens.

— On trouve dans le commerce de nombreuses *pâtes* ou *condiments* à base de piment, d'origines diverses (Vietnam, Amérique du Sud, etc.). Citons la célèbre *harissa*, mot qui signifie « moulu » et désigne en arabe toute épice moulue avant de s'appliquer à la purée de piment que nous connaissons.

— Enfin il appartient à chacun de faire son choix parmi les innombrables huiles piquantes, sauces tomates pimentées, tabasco, etc.

• Le POIVRE, d'emploi constant dans notre cuisine, a été importé par les caravanes d'épices depuis la plus haute antiquité. Au Moyen Âge, il fit la richesse de Gênes et de Venise...

C'est le *fruit* d'une liane grimpante de l'Inde et de certains pays d'Afrique, cultivée aujourd'hui en Asie, au Brésil, à Madagascar.

Le *poivre noir* est cueilli un peu avant la maturité complète. Le *poivre blanc* est le même fruit cueilli à maturité totale et débarrassé de son enveloppe (ne pas confondre avec le poivre noir décortiqué). Le noir est plus aromatique et moins piquant que le blanc, mais ce dernier est préférable dans certains plats, lorsque la présence de poivre noir peut être déplaisante à l'œil : sauces blanche ou béchamel, purées...

Le poivre stimule appétit et digestion, car il augmente la sécrétion de la salive et du suc pancréatique. On s'en sert contre les calculs de la vessie et des reins. Il possède des vertus toniques et tonifiantes et permet aussi de chasser la fièvre. Contre un début de grippe : du poivre fraîchement moulu mélangé avec du sucre et du beurre...

Il est essentiel d'acheter du poivre de très bonne qualité et en *grains* (ceux-ci se conservent presque indéfiniment) pour le moudre au fur et à mesure des besoins avec un moulin à poivre. Assaisonner de préférence en fin de cuisson pour lui conserver son arôme.

Ceux qui n'aiment ou ne supportent pas le piment peuvent parfois lui substituer du poivre dans certaines préparations, mais la saveur du plat en sera changée.

• Le SAFRAN provient des *pistils* séchés d'une variété de crocus. Il est utilisé et cultivé dans les régions méditerranéennes et jusqu'en Asie. Le safran d'Espagne est considéré comme le meilleur. Selon les estimations, il faudrait de 150 000 à 500 000 fleurs pour obtenir 1 kg de safran, chaque fleur n'ayant que 3 pistils. Cette énorme quantité de fleurs et la main-d'œuvre requise pour les récolter expliquent son coût très élevé.

Une toute petite quantité suffisant à colorer et à parfumer un plat, il est vendu par doses de 1 à 10 g, en pistils ou en poudre — mais il vaut mieux éviter celle-ci qui peut être « trafiquée » et, au besoin, broyer soi-même les pistils.

D'un beau rouge orangé, le safran est aromatique et amer. On le délaye dans un peu de liquide (eau, lait ou bouillon) auquel il donne aussitôt une vive couleur qui va se répandre ensuite dans tout le plat. En Europe, le safran est surtout employé dans des préparations non végétariennes : il se marie bien avec les coquillages et le poisson (bouillabaisse, paëlla...).

En Orient, il parfume aussi bien des préparations salées (viandes, riz) que des desserts et entremets.

Apéritif et aphrodisiaque, stimulant les fonctions digestives, le safran est conseillé pour calmer certaines douleurs de l'estomac, ainsi que dans les cas de règles douloureuses et d'insuffisance ovarienne. Pour faciliter la sortie des premières dents, on peut frictionner les gencives des enfants avec de la poudre de safran mélangée à un peu de miel.

• Le SOJA est une *légumineuse* originaire d'Extrême-Orient. Sous toutes ses formes, il a une très forte teneur en protéines de haute qualité.

— La *graine*, vendue tour à tour sous le nom de « fève », « haricot » ou « grain » de soja, de « pois chinois », de « dâl jaune », « moung dâl » ou « haricot mungo », se fait cuire comme les autres légumes secs et permet de délicieuses préparations. Elle est riche en vitamines et en matières azotées.

— Le *germe* se consomme cru en salade ou légèrement sauté, parfois cuit avec d'autres légumes (chop-suey, soupes chinoises ou vietnamiennes). Il est facile de faire germer les haricots soi-même.

— La *sauce* soja ou « shoyu », qui nous intéresse ici, est obtenue par fermentation durant trois ans, puis pressage, de haricots de soja macérant dans l'eau salée. Elle contient beaucoup de sel, des acides aminés et un gros pourcentage d'enzymes, ce qui fait une préparation très tonifiante dont il faut user avec modération. Elle accompagne salades, crudités, soupes, légumes, beignets, céréales. On l'utilise généralement en fin de cuisson. En raison de sa forte teneur en sel, il vaut mieux ne pas saler les plats qu'elle assaisonne. La sauce soja existe sous plusieurs formes : claire ou sombre, ainsi que concentrée — il faut alors user de plus faibles doses.

Attention ! La sauce soja est fréquemment désignée par le nom de tamari, qu'il ne faut pas confondre avec le tamarin (voir ci-dessous).

— Le *pâté* de soja ou « tofu » est un pâté végétal très riche en protéines obtenu par la fermentation d'une purée de soja. Il res-

semble à un fromage blanc, mou et frais, et est généralement vendu par blocs rectangulaires de 250 g environ. Il faut le faire frire avant de le consommer, tel quel ou dans certaines soupes et plats de légumes.
— Le soja sert également à fabriquer de la *farine*, des *vermicelles*, etc.

• Le TAMARIN est le *fruit* d'un arbre originaire d'Asie ou d'Afrique. Sa *pulpe* contient 12 % d'acide tartrique. Elle est vendue séchée dans certaines boutiques indiennes et vietnamiennes sous l'aspect d'une pâte brunâtre avec des fibres et des graines. On la fait macérer quelques heures dans de l'eau, chaude de préférence : le jus acide de couleur brune ainsi recueilli est utilisé dans de nombreuses préparations végétariennes de l'Inde du Sud.

On peut parfois lui substituer du jus de citron, ou même du vinaigre, mais les vrais amateurs préféreront la saveur authentique et toute particulière qu'il donne aux plats de riz, aux currys et aux condiments qui en comportent.

Conseils divers

Lorsque vous utilisez des piments entiers, un bouquet garni, des bâtons de cannelle, n'oubliez pas de les retirer avant de servir.

•

Quand vous soulevez un couvercle en cours de cuisson, veillez à le laisser s'égoutter *dans* la marmite et non au-dehors.

•

Frottez le fond des artichauts avec du citron pour qu'ils ne noircissent pas.

•

Ne confondez pas le tamarin, utilisé comme épice, et le tamari, autre nom de la sauce soja. (Voir répertoire des épices.)

•

Distinguez le soja (sauce) des « fèves » ou « haricots » de soja (grains) et des germes de soja. (Voir répertoire des épices.)

•

Si vous délayez 1/2 tasse de lait en poudre dans 1 l de lait frais, vous obtenez la valeur de 2 l de lait dans le volume d'un seul.

•

Avant de laver ou de faire tremper une céréale, n'oubliez jamais de mesurer son volume à sec, afin de pouvoir mesurer le volume de liquide correspondant nécessaire à la cuisson.

•

Ne jetez jamais l'eau de cuisson d'un légume : elle a conservé certains éléments de celui-ci, en particulier des sels minéraux. Vous pourrez utiliser ce bouillon pour y faire cuire des pâtes, du riz, ou comme base d'un potage.

•

Pensez, de même, à utiliser tisanes ou infusions pour y faire cuire les céréales, ou comme « fond » de sauces et de soupes : elles ajouteront à la saveur du plat et lui apporteront leurs vertus digestives ou thérapeutiques...

●

Pour « rattraper » un plat trop pimenté (curry de légumes, riz ou purée de légumes secs par exemple), ajoutez une ou plusieurs cuillerées de yaourt. C'est le meilleur moyen de neutraliser l'excès de piment pour adoucir la préparation et la rendre en même temps plus onctueuse.

Les recettes

Les quantités indiquées au début des recettes sont prévues pour 4 à 6 personnes.

Abréviations :
c. à c. : cuillerée à café
c. à s. : cuillerée à soupe

Crudités & salades

Avocats « guacamole » (MEXIQUE)

- 4 avocats moyens
- 4 tomates
- 4 petits oignons
- sel
- piment rouge en poudre
- origan
- huile d'olive

Ébouillantez les tomates pour les peler, hachez-les très finement. Hachez de même les oignons, ou mieux, râpez-les.

Écrasez dans un plat la chair des avocats, travaillez-la à la fourchette pour obtenir une pâte lisse et crémeuse. Salez, mettez un peu d'origan, de piment, arrosez d'huile d'olive, mélangez puis ajoutez l'oignon et la tomate hachés. Mélangez à nouveau.

Servez dans un plat garni de feuilles de laitue ou, si vous le désirez, remplissez de cette préparation les peaux d'avocats que vous aurez conservées à cet effet.

Betteraves à la sauce moutarde

- 500 g de betteraves cuites
- 3 à 4 petits-suisses
- 2 c. à s. de moutarde douce
- 1/2 citron
- 3 brins de persil
- 1 petit morceau de radis noir (100 g environ)
- sel
- poivre
- lait (facultatif)

Épluchez les betteraves, râpez-les finement. Râpez également le radis noir.

Dans un saladier, préparez une crème avec les petits-suisses battus, la moutarde, le jus du demi-citron, du sel, du poivre et le radis noir. Si vous trouvez la sauce trop épaisse, ajoutez 1 à 2 c. à s. de lait.

Mélangez-y les betteraves râpées et les radis. Saupoudrez de persil haché avant de servir.

Boulettes de roquefort

- 150 g de roquefort
- 150 g de beurre
- 5 à 6 c. à s. de chapelure brune

Écrasez à la fourchette roquefort et beurre. Travaillez bien pour que le mélange soit homogène et laissez reposer au réfrigérateur, ou dans un endroit frais, pour que la préparation durcisse. Lorsque la pâte est dure, prenez-en de petites quantités avec une cuillère et formez des boules de la taille d'une noix. Étalez la chapelure dans une assiette et roulez-y les boules.

Dressez les boulettes en pyramide sur un plat et remettez au frais jusqu'au moment de servir.

Carottes à la marocaine

- 500 g de carottes
- 1 citron
- 2 oranges
- 1 c. à s. de sucre en poudre
- 1 c. à s. de fleur d'oranger
- sel

Épluchez les carottes et râpez-les finement.

Dans le saladier, préparez une sauce avec le jus du citron, une pincée de sel, le sucre et l'eau de fleur d'oranger. Mettez-y les carottes et remuez jusqu'à ce qu'elles soient bien imprégnées de jus. Épluchez alors les oranges, coupez-les en rondelles que vous couperez à leur tour en quatre. Mélangez-les aux carottes, en conservant quelques rondelles pour décorer le dessus.

C'est une salade légère, pleine de vitamines et délicieusement rafraîchissante en été !

Concombres à l'aneth

- 1,5 kg de concombres
- 1 verre de crème fraîche
- 20 g de beurre
- 1 c. à s. rase de farine
- 1 verre de lait
- aneth
- sel, poivre

Épluchez les concombres, fendez-les en deux dans le sens de la longueur. Retirez les graines, coupez la chair en dés. Faites blanchir 15 minutes à l'eau bouillante salée, égouttez.

Préparez une béchamel avec beurre, farine, lait (recette p. 181). Hors du feu, incorporez la crème fraîche, salez, poivrez, versez sur les concombres que vous aurez disposés dans un plat. Saupoudrez d'aneth. Servez frais.

Variante

Vous pouvez remplacer l'aneth par quelques feuilles de menthe hachées.

Concombres à la menthe

- 3 beaux concombres
- 100 g de crème fraîche
- 1/2 citron
- 1 branche de menthe
- sel
- poivre

Coupez les concombres en tranches fines, mettez-les dans une terrine et saupoudrez-les d'une cuillerée à soupe de sel fin. Laissez-les dégorger pendant 30 minutes puis déposez-les dans un linge fin et pressez-les fortement pour en extraire tout le jus.

Dans un saladier, mélangez la crème fraîche, le sel, le poivre, la menthe hachée. Ajoutez le jus du demi-citron avant de servir. Mettez les tranches de concombre et remuez.

Variante

Vous pouvez remplacer la menthe par du cerfeuil ou de la ciboulette.

Crudités rouges

- 1/2 petit chou rouge
- 1 betterave pas trop grosse
- 1 tomate
- 4 carottes
- 150 g de champignons de Paris
- 1/2 citron
- 2 c. à c. de moutarde
- 3 échalotes
- sel, poivre
- huile
- quelques brins de persil frais

Nettoyez tous les légumes. Émincez finement le chou rouge, râpez les carottes et la betterave.

Préparez une sauce avec citron, moutarde, sel, poivre, huile, et les échalotes hachées.

Dans un saladier large et pas trop profond, mélangez le chou, les carottes, la betterave, avec la moitié de la sauce. Garnissez le dessus de tranches de tomates et disposez tout autour les champignons émincés, de façon à former une couronne. Arrosez avec le restant de sauce et parsemez de persil haché.

Crudités vertes

- 1/2 botte de cresson
- 2 endives
- quelques feuilles de laitue (ou de scarole)
- 5 à 6 feuilles de chou vert
- 100 g de mâche
- quelques bouquets de chou-fleur
- 1 petit concombre
- 1 oignon
- 1/2 citron
- 1 gousse d'ail (facultatif)
- quelques tiges de ciboulette
- sel
- poivre
- huile

Lavez bien les salades et les légumes. Coupez très grossièrement les feuilles de laitue, les endives ; laissez les feuilles de mâche et celles de cresson entières. Émincez le chou vert, coupez le chou-fleur en lamelles ou en tout petits bouquets, débitez le concombre en rondelles, sans le peler.

Préparez une sauce au citron, avec l'oignon, l'ail et la ciboulette hachés. Mettez toutes les verdures dans le saladier. Mélangez bien. Garnissez avec le chou-fleur.

Pois chiches en salade

- 300 g de pois chiches
- 1 bouquet garni
- 2 oignons
- 1 c. à s. de cumin en poudre
- 1 c. à s. de persil frais haché
- huile, vinaigre
- huile pimentée
- sel, poivre

Faites tremper les pois chiches dans l'eau froide jusqu'à ce qu'ils soient souples, puis faites-les cuire à l'eau salée avec 1 oignon et le bouquet garni.

Lorsqu'ils sont cuits, égouttez-les et laissez-les refroidir. Mettez-les dans un saladier et assaisonnez avec huile, vinaigre, sel, poivre, un peu d'huile pimentée. Ajoutez le cumin, 1/2 c. à s. de persil haché, l'autre oignon coupé en petits morceaux. Mélangez bien et laissez macérer 1 à 2 heures. Servez frais et saupoudré de persil haché.

Salade de chou

- 1 chou vert (moyen)
- 1 pomme (reinette ou Canada)
- 1 c. à s. de moutarde (ou plus)
- huile
- vinaigre ou citron
- sel
- poivre

Nettoyez le chou, ôtez les feuilles du tour, émincez-le finement. Préparez dans un saladier profond une sauce bien onctueuse avec vinaigre ou citron, moutarde, sel, poivre, huile. Mélangez le chou.

Si vous aimez le chou un peu craquant, dégustez la salade le jour même, sinon laissez le chou macérer jusqu'au lendemain. Avant de servir, ajoutez la pomme pelée et coupée en minces lamelles.

Salade d'endives aux noix

- 6 endives
- 100 g de comté
- 60 g de cerneaux de noix
- 1/2 citron
- moutarde
- huile (de noix si possible)
- sel
- poivre

Lavez soigneusement les endives, détachez les feuilles que vous essuierez avec un linge propre ou un papier absorbant. Vous pouvez, au choix, laisser les feuilles entières ou les couper : dans ce cas, coupez les endives lavées et essorées en tronçons de 1 cm.

Préparez une sauce à la moutarde et au citron dans un saladier, avec le sel, le poivre et environ 5 c. à s. d'huile. Ajoutez les feuilles d'endives, puis le fromage coupé en dés et les cerneaux entiers. Mélangez bien et décorez de quelques cerneaux avant de servir.

Salade grecque

- 400 g de petits champignons de Paris
- 300 g de petits oignons frais
- 2 carottes
- 1/2 citron
- 12 à 15 graines de coriandre
- 8 à 10 grains de poivre
- 1 bouquet garni
- 3 c. à s. de concentré de tomate
- sel
- huile d'olive
- 50 cl de vin blanc sec

Pelez les oignons et laissez-les entiers. Nettoyez les champignons et laissez-les également entiers. Épluchez les carottes et coupez-les en rondelles.

Dans une cocotte, avec un peu d'huile, faites revenir les carottes jusqu'à ce qu'elles soient cuites. Mettez ensuite les oignons et les champignons, mouillez avec le vin blanc, ajoutez le concentré de tomate, le bouquet garni, le jus et le zeste du demi-citron, le poivre, la coriandre, le sel. Portez à ébullition et laissez cuire à découvert 15 minutes.

Retirez du feu et laissez refroidir. Versez dans un plat peu profond, arrosez d'un filet d'huile d'olive et servez très frais.

Ce hors-d'œuvre sera encore meilleur si vous le laissez macérer quelques heures, voire une nuit entière, avant de le consommer.

Salade juive

- 1 kg de tomates charnues
- 500 g de poivrons (rouges de préférence)
- 1 c. à s. d'huile d'olive
- sel, piment

Faites rôtir les poivrons afin d'en enlever la fine peau extérieure, puis videz-les de leurs graines. Coupez-les en lanières.

Ébouillantez les tomates pour les peler facilement, coupez-les en quatre et pressez-les pour faire sortir le jus et les graines.

Mettez les tomates à revenir dans une poêle, sans graisse mais avec du sel pour qu'elles perdent leur eau, puis ajoutez les lanières de poivrons et laissez revenir le tout de 5 à 10 minutes, avec une pointe de piment. Ajoutez l'huile après la cuisson seulement.

La salade doit être bien onctueuse ; elle se mange froide ou tiède.

Salade mexicaine

- 1 boîte de maïs doux (500 g)
- 2 poivrons : 1 rouge, 1 vert
- 1 boîte de cœurs de palmiers (250 g)
- 20 olives noires
- huile, vinaigre (ou citron), sel, poivre

Préparez une vinaigrette.

Mélangez dans le saladier le maïs égoutté, les poivrons évidés et coupés en lanières, les cœurs de palmiers, les olives. Servez frais.

Salade pomone

- 2 chicorées frisées
- 1 grosse pomme (reinette de préférence)
- 1 c. à c. de moutarde
- 40 g de comté râpé
- huile, vinaigre ou citron, sel, poivre

Lavez les salades, égouttez-les.

Préparez une vinaigrette en y ajoutant la moutarde et le fromage bien mélangés.

Épluchez la pomme, retirez le cœur et les pépins et détaillez-la en tranches fines que vous placez au fond du saladier. Arrosez avec la vinaigrette puis ajoutez les feuilles de salade. Ne mélangez qu'au moment de servir.

Salade de riz aux pois tendres (MARTINIQUE)

- 300 à 400 g de riz
- 250 g de carottes
- 250 g de haricots verts frais
- 150 g de navets
- 300 g de potiron
- 1/4 boîte de petits pois
- 100 g d'olives noires
- huile, vinaigre, moutarde, ail, sel, poivre

À la Martinique, les haricots verts portent le joli nom de « pois tendres », qui a servi à baptiser cette savoureuse salade...

Lavez le riz et faites-le cuire à l'eau froide une première fois : dès que l'eau bout, jetez-la, égouttez le riz, puis remettez-le dans la marmite avec quatre fois son volume d'eau froide. Ajoutez les carottes en rondelles, les haricots verts coupés en deux ou trois, les navets en petits cubes et le potiron en morceaux. Salez, laissez cuire à feu moyen.

Le potiron (dont le nom martiniquais est « giromon ») va fondre et donner une jolie couleur jaune à ce plat.

Lorsque tous les légumes sont cuits, égouttez-les et laissez refroidir. Avant de servir, mélangez les petits pois, les olives noires dénoyautées. Assaisonnez le tout avec une sauce vinaigrette bien relevée par de l'ail et de la moutarde.

Salade de riz multicolore

- 300 g de riz blanc
- 3 poivrons, verts et rouges
- 4 tomates
- 1 banane pas trop mûre
- 2 pommes
- 10 noix
- huile, vinaigre (ou citron)
- moutarde, sel, poivre

Faites cuire le riz à l'eau salée.

Pendant ce temps lavez fruits et légumes, videz et émincez les poivrons, épluchez les tomates et les pommes.

Quand le riz est bien refroidi et égoutté, préparez dans un grand saladier une vinaigrette relevée avec beaucoup de moutarde. Mettez-y le riz, la banane coupée en rondelles, les pommes et les tomates en dés, les lamelles de poivrons, les noix grossièrement hachées. Mélangez bien et servez.

Salade de riz aux olives

- 300 g de riz cuit
- 2 belles tomates
- 1 poivron
- 1 branche de céleri
- 12 olives noires
- 12 olives vertes
- 1 oignon
- 1 petite boîte de haricots verts (125 g), ou haricots verts frais
- 1 citron
- 1 c. à s. de moutarde
- sel, poivre
- huile
- persil frais

Dénoyautez les olives, épépinez le poivron, coupez-le en petits morceaux, ainsi que les tomates et le céleri. Émincez l'oignon.

Préparez dans votre saladier une sauce avec jus de citron, moutarde, sel, poivre, huile. Ajoutez le riz, mélangez bien. Mettez tous les autres ingrédients : olives, poivron, tomates, céleri, oignon, haricots verts. Mélangez à nouveau. Servez décoré de quelques olives et d'un peu de persil frais.

Salade rouge et verte

- 1 beau concombre
- 2 à 3 tomates selon la taille
- 1 poivron vert
- sel, poivre
- 1 oignon
- 1 citron
- 1 ou 2 petits piments verts (facultatif)

Nettoyez les légumes.

Pelez le concombre et les tomates, coupez-les en petits dés, ainsi que le poivron dont vous aurez retiré les graines.

Hachez l'oignon et les piments.

Mélangez le tout, salez, poivrez, arrosez avec le jus du citron.

Salade de soja au maïs

- 1 boîte de maïs (250 g)
- 250 g de germes de soja
- 1 salade romaine
- 1 branche de menthe fraîche
- 1 botte de coriandre fraîche
- sel, poivre, huile
- sauce de soja, moutarde douce
- 1 citron

Égouttez les maïs. Lavez et égouttez le soja, la coriandre, la menthe, la salade romaine.

Dans un saladier, préparez une sauce avec la moutarde délayée dans le jus de citron, le sel, le poivre, l'huile et la sauce de soja. Mettez les feuilles de romaine coupées en quatre ou cinq, le soja, le maïs, remuez bien le tout. Ajoutez les feuilles de coriandre et les feuilles de menthe grossièrement hachées, mélangez encore. Réservez quelques feuilles de menthe entières pour décorer le dessus.

Variante

On pourra remplacer coriandre et menthe par 100 g de fromage (gruyère ou comté) coupé en petits dés.

Salade turque

- 1 boîte de maïs (500 g)
- 2 pamplemousses
- 200 g de champignons frais
- 3 tomates
- 1 gros oignon
- 1 piment vert (facultatif)
- sel, poivre
- huile,
- 1 citron
- persil, ciboulette, basilic

Dans un saladier profond, préparez une sauce avec huile, jus de citron, sel, poivre, les herbes finement hachées.

Mettez le maïs égoutté, les tomates et les pamplemousses coupés en dés, les champignons en lamelles, le piment en rondelles très minces, l'oignon en petits morceaux. Mélangez bien le tout et servez très frais.

Salade Waldorf (ANGLETERRE)

- 1 boîte de céleris-branches, bien verts
- 2 pommes de taille moyenne, un peu fermes et pas trop sucrées de préférence
- 1 orange
- 80 g de noix ou noisettes décortiquées
- 10 cl de crème fraîche
- 2 c. à s. de jus de citron
- 1 c. à s. de sucre
- 1 c. à c. de moutarde douce
- sel, poivre, paprika

Hachez grossièrement les noix et noisettes. Nettoyez le céleri, lavez et pelez les pommes, puis l'orange dont vous conserverez la peau.

Dans un saladier, préparez une sauce avec la crème fraîche, sel et poivre à votre goût, le sucre, la moutarde délayée dans le jus de citron, 2 ou 3 pincées de paprika, un peu de zeste d'orange râpé. Battez avec une fourchette de façon à obtenir une crème épaisse et ferme.

Ajoutez le céleri coupé en petits morceaux, les pommes en cubes ou en lamelles, les tranches d'orange coupées en quatre, les noix hachées. Mélangez bien le tout.

Cette salade est très rafraîchissante. Vous pouvez la consommer telle quelle ou la laisser quelque temps au réfrigérateur.

Avant de servir, parsemez le dessus de zeste d'orange râpé et décorez avec quelques cerneaux de noix ou des noisettes entières.

Taboulé (LIBAN)

préparation : au moins 2 h à l'avance

- 250 g de semoule à couscous
- 4 tomates
- 3 oignons moyens ou 12 petits oignons nouveaux
- 2 citrons
- 1 concombre
- 12 olives noires dénoyautées
- 5 c. à s. d'huile d'olive
- 2 c. à s. de persil haché
- 1 c. à s. de menthe fraîche hachée
- sel, poivre

Mettez la semoule dans un saladier, mouillez-la avec l'huile et le jus des citrons, salez, poivrez, remuez bien.

Épluchez le concombre, ôtez-en les graines et coupez sa chair en tout petits cubes, ou hachez-la menu, ainsi que les oignons, les olives, les tomates pelées mais dont vous aurez conservé le jus. Ajoutez le tout à la semoule, complétez avec la menthe et le persil hachés, mélangez bien et vérifiez l'assaisonnement, puis laissez gonfler 2 heures dans un endroit frais.

De temps à autre, remuez pour que la semoule s'imprègne également d'huile et du jus des tomates, citrons et concombre.

Servez le taboulé frais et décoré de quelques olives noires, de rondelles de tomates et de feuilles de menthe.

Entrées

Beignets de bananes au gingembre (TOGO)

- 6 bananes bien mûres
- 3 oignons de taille moyenne
- 30 à 40 g de gingembre frais
- sel, piment rouge
- 1 à 2 l d'huile d'arachide (ou autre) pour friture

Découpez la chair des bananes en petits cubes. Mélangez-les dans un saladier avec l'oignon et le gingembre hachés finement, ajoutez sel et piment à votre goût. Si vous aimez les nourritures relevées, ne craignez pas de mettre 1 bonne cuillerée à soupe de piment !

Faites chauffer l'huile dans une bassine à friture ; quand elle est bouillante, versez-y d'un seul coup le mélange : il se divisera tout seul pour former des sortes de boules. Laissez cuire 30 minutes et déposez les beignets sur un linge ou un papier absorbant.

Vous pouvez les déguster chauds ou froids ; ils se conservent plusieurs jours.

Beignets de carottes « marinades » (MARTINIQUE)

préparation : environ 2 heures à l'avance
pour 6 personnes

- 250 g de farine
- 40 cl d'eau tiède
- 1 c. à s. d'huile
- 3 grosses carottes
- 1 oignon moyen
- sel, poivre, thym en poudre, persil ou cerfeuil frais
- huile pour friture

Faites une pâte à frire selon la recette p. 242. La pâte ne doit pas être trop fluide. Laissez-la reposer 30 minutes environ.

Épluchez et lavez les carottes, puis râpez-les et incorporez-les à la pâte. Mélangez bien, ajoutez le sel, le poivre, le thym, l'oignon et le cerfeuil finement hachés, puis laissez reposer 1 heure.

Faites chauffer la bassine à friture et plongez le mélange dans l'huile bouillante, cuillerée par cuillerée, pour former des beignets, que vous laisserez égoutter sur du papier absorbant avant de les consommer.

Beignets de légumes

- 250 g de farine de blé (fraîchement moulue de préférence)
- 100 g de levure maltée
- 1 gousse d'ail
- 2 à 3 oignons
- 1 piment vert
- 3 carottes
- sel, poivre
- clou de girofle en poudre
- thym, laurier (en poudre)
- quelques brins de persil
- 1 pincée de bicarbonate de soude
- 1 pincée de levure
- un peu de lait

Épluchez ail, oignons, hachez-les menu ainsi que le piment vert et le persil. Râpez très fin les carottes.

Préparez une pâte avec la farine, 25 cl d'eau, la levure de bière. Ajoutez tous les autres ingrédients en corrigeant la consistance avec le lait : la pâte doit être molle, mais plus épaisse qu'une pâte à crêpes.

Faites frire à la poêle en procédant comme pour les croquettes de blé (p. 63) ; mais les beignets sont un peu plus légers.

Beignets de millet

- 200 g de millet
- sel, assaisonnement au choix
- pâte à crêpes (voir recette p. 241)
- huile à friture

Faites cuire 15 minutes le millet dans deux fois et demie son volume d'eau salée, avec les aromates de votre choix (thym, laurier, etc.). Couvrez la casserole et portez à ébullition à feu doux. Mettez le millet cuit dans un plat peu profond et lissez bien la surface puis laissez refroidir. Vous pouvez le préparer la veille.

D'autre part, préparez une pâte à crêpes un peu épaisse. Faites chauffer l'huile à friture. Découpez le millet en tranches d'environ 1 cm d'épaisseur, plongez-les dans la pâte à crêpes puis aussitôt après dans la friture bouillante ; laissez-les quelques minutes, jusqu'à ce qu'elles soient bien dorées ; retirez-les et épongez chaque morceau avec du papier absorbant.

Ces beignets se mangent accompagnés d'un plat de légumes ou d'une sauce bien relevée.

Boulettes de pétales de céréales

- 200 g de pétales de céréales (blé, orge, riz ou mélange)
- 2 gros oignons
- 2 à 4 gousses d'ail
- 1 bouquet de persil
- 1 branche d'estragon ou autre herbe aromatique
- 50 g de levure en poudre ou en paillettes
- un peu de farine, complète si possible
- sel
- poivre

Recouvrez d'eau les pétales, juste assez pour qu'ils soient humides et un peu ramollis. Laissez-les gonfler au moins 1 heure, ou si possible une demi-journée.

Au moment de préparer les boulettes, hachez très fin les oignons, le persil, l'ail, l'estragon, ou passez-les au mixeur. Incorporez ce hachis aux pétales puis ajoutez du sel, du poivre et la levure. Liez cette pâte avec de la farine jusqu'à ce qu'elle prenne une consistance de mastic. Vous pouvez alors former à la main des boulettes que vous aplatirez légèrement, ou bien prendre de petites quantités avec une cuillère à soupe et les déposer dans une poêle avec de l'huile bien chaude. Retournez les boulettes pour qu'elles soient bien dorées des deux côtés.

Elles se dégustent chaudes avec une ratatouille ou une sauce tomate, ou bien assaisonnées de sauce de soja, ou encore froides et accompagnées de salade.

Boulettes de riz

- 300 g de riz complet
- 50 g de farine de blé (ou de sarrasin)
- 2 oignons
- 1 ou 2 branches de céleri
- sel, poivre
- thym (ou romarin)
- huile

Faites cuire le riz complet et assaisonnez-le. Lorsqu'il est refroidi, mettez-le dans un saladier avec la farine, les oignons coupés en petits cubes, des petits tronçons de céleri, du thym ou du romarin. Vérifiez l'assaisonnement. Ajoutez 1/2 verre d'eau et mélangez bien.

Dans un bol, mettez de l'eau salée, trempez-y les mains et formez les boulettes avec les mains humides. Faites-les frire dans l'huile, à la poêle et servez-les avec une salade verte.

Variante

Boulettes de boulgour

Même préparation que les boulettes de riz.

Chaussons aux poireaux (« boulauni ») (AFGHANISTAN)

- 500 g de petits poireaux aussi tendres que possible
- 400 g de farine
- 1/2 c. à c. de piment rouge en poudre
- sel
- huile

Mélangez dans une terrine la farine avec 1 c. à c. de sel, ajoutez environ 25 cl d'eau et pétrissez pour obtenir une pâte ferme et élastique, semblable à une pâte à pain. Laissez reposer.

Pendant ce temps, lavez les poireaux, coupez-les en tronçons de 1/2 cm à 1 cm maximum. Plongez-les dans une casserole d'eau, lavez-les à nouveau et retirez-les en les pressant dans vos mains pour bien les essorer. Placez-les dans un saladier, saupoudrez avec le piment et 1 à 2 c. à c. de sel fin. Malaxez avec vos doigts et pressez-les à plusieurs reprises pour les attendrir. Quand ils sont souples, ajoutez 1 c. à s. d'huile, mélangez bien et laissez en attente.

Formez avec la pâte de petites boules de la grosseur d'une noix. Aplatissez ces boules au rouleau pour obtenir une abaisse très fine (environ 2 mm d'épaisseur) de la taille d'une grande crêpe. Sur la moitié de cette crêpe, étalez 3 ou 4 cuillerées de poireaux. Humectez les bords du cercle avec un peu d'eau et pliez-le en deux pour former un chausson. Pressez les bords l'un contre l'autre pour le fermer.

Lorsque tous les chaussons sont prêts, mettez de l'huile à chauffer dans une poêle, et faites-les frire. Retournez-les pour qu'ils soient dorés des deux côtés et servez-les très chauds.

Crêpes fourrées aux carottes

- 8 à 12 crêpes
- 6 carottes
- 4 oignons
- thym, laurier, huile
- 1/2 verre de farine complète
- 1 1/2 verre de lait
- sel
- poivre
- 50 g de gruyère râpé (ou de sésame en poudre)

Préparez les crêpes et tenez-les au chaud.

Nettoyez les carottes et coupez-les en rondelles. Pelez et émincez les oignons.

Faites revenir dans un peu d'huile les oignons ; dès qu'ils blondissent ajoutez les carottes, le sel, le thym et le laurier, puis 1/2 à 1 verre d'eau chaude. Laissez cuire de 20 à 30 minutes à couvert et à feu doux.

Pendant ce temps, faites griller légèrement la farine. Lorsqu'elle est refroidie, ajoutez le lait froid et portez à ébullition en tournant sans cesse. Salez, poivrez, ajoutez en fin de cuisson le fromage râpé ou le sésame.

Mélangez les carottes avec cette béchamel, déposez 2 cuillerées de cette préparation sur chaque crêpe et roulez la crêpe.

Crêpes fourrées aux champignons

pour 4 personnes
- 12 à 20 crêpes
- 300 g de champignons
- 1 gros oignon
- 3 gousses d'ail
- 1 boîte de 250 g de germes de blé (ou de soja)
- 1 c. à s. de crème fraîche
- 1 c. à c. de jus de citron
- 1 à 2 c. à s. d'huile
- sel, poivre, curry, persil,
- thym, sauce tamari
- quelques feuilles de laitue (facultatif)

Préparez des crêpes à la farine de froment ou de sarrasin (recettes p. 241-242) et laissez-les en attente dans un endroit chaud.

Coupez les champignons en minces lamelles, faites-les revenir dans l'huile, ajoutez oignon, ail et persil finement hachés, thym, sel, poivre, curry. Laissez mijoter doucement 10 minutes.

D'autre part, dans une poêle, mettez à revenir les germes de soja jusqu'à évaporation de l'eau puis mélangez-les aux champignons. Ajoutez la crème et le jus de citron.

Fourrez les crêpes avec cette préparation, roulez-les et dressez-les sur un plat décoré de feuilles de laitue. Servez avec le tamari.

Croquettes de blé

pour 4 personnes
- 250 g de farine de blé complète, de préférence fraîchement moulue au moulin à café
- 5 c. à s. de levure maltée
- 2 oignons
- 2 à 3 échalotes
- 1 botte de persil
- sel
- huile

Délayez la farine avec 25 cl d'eau, ajoutez la levure et salez. La consistance doit être assez épaisse. Épluchez oignons et échalotes, hachez-les avec beaucoup de persil, incorporez le hachis à la pâte.

Faites chauffer l'huile dans une poêle et déposez de petits tas de pâte que vous aplatirez pour leur donner l'aspect d'une croquette. Retirez-les quand elles sont bien dorées, et même un peu brunes, des deux côtés.

Déposez les croquettes sur un linge ou du papier absorbant pour enlever l'excès de graisse et servez-les accompagnées d'une salade verte.

Croquettes de maïs

- 1 boîte de maïs doux au naturel (300 g)
- 100 g de farine
- sel, poivre, épices au choix
- 1/2 citron
- huile

Égouttez les grains de maïs, en conservant le jus qui est dans la boîte.

Préparez une pâte avec la farine, une bonne pincée de sel et le jus du maïs. Rajoutez un peu d'eau si nécessaire : la pâte doit avoir la consistance d'une pâte à crêpe bien épaisse. Mélangez le maïs à cette pâte.

Faites chauffer de l'huile dans une grande poêle et déposez de petits tas de la préparation, que vous aplatissez de façon à leur donner la forme de croquettes peu épaisses. Laissez-les dorer puis retournez-les : la pâte doit être bien cuite des deux côtés, et les grains de maïs légèrement bruns sur les bords.

Retirez les croquettes et déposez-les sur un papier absorbant. Poivrez, assaisonnez avec l'épice de votre choix (paprika, piment, cumin, etc.) et servez les croquettes bien chaudes arrosées d'un filet de jus de citron.

Elles s'accompagnent merveilleusement d'une salade verte.

Croustons aux champignons

pour 5 personnes
- 100 g de beurre ou graisse végétale
- 300 g de champignons de Paris
- 5 tranches de pain complet
- 1/2 citron
- sel, poivre et romarin
- 20 g de farine (ou de Maïzena)

Mettez les tranches de pain à dorer des deux côtés, dans la moitié du beurre.

Dans l'autre moitié, faites revenir à la poêle les champignons coupés en lamelles. Salez, poivrez, ajoutez le jus du 1/2 citron, puis le romarin. Laissez cuire à feu doux 5 minutes et rajoutez la farine pour épaissir le mélange.

Placez la préparation sur les canapés et servez chaud.

Variante

Le jus de citron peut être remplacé par du vin blanc sec.

Gâteau de pommes de terre

- 10 à 12 pommes de terre (2 par personne)
- 60 g de gruyère râpé
- huile
- sel, poivre
- noix de muscade
- marjolaine et sarriette en poudre
- pâte brisée (faite avec 250 g de farine)

Ce n'est pas un dessert : il s'agit d'une tourte salée, tellement nourrissante qu'elle peut, accompagnée de salade verte, constituer un repas !

Prenez les 2/3 de la pâte brisée et étalez-la dans un moule à tarte. Disposez dessus les pommes de terre coupées en rondelles fines. Salez, poivrez, saupoudrez de noix de muscade râpée, de sarriette et de marjolaine. Versez un peu d'huile à la surface des pommes de terre et terminez par le gruyère râpé. Recouvrez avec le restant de pâte, au centre de laquelle vous pratiquerez une ouverture, en forme de petite cheminée.

Cuisez 45 minutes au four à 230 °C.

Gnocchis à la niçoise

- 2 pommes de terre vieilles par personne
- farine : 1/4 du poids des pommes de terre
- sauce tomate
- 100 g de fromage râpé
- sel

Faites bouillir les pommes de terre non épluchées dans de l'eau salée. Dès qu'elles sont cuites, épluchez-les et écrasez-les directement sur le plan de travail, de préférence avec une moulinette mécanique. Saupoudrez avec les 2/3 de la farine, salez légèrement et commencez à pétrir à la main jusqu'à ce que la pâte soit homogène et souple. Donnez-lui la forme d'un gros saucisson. Coupez-en un morceau et roulez-le sur de la farine pour lui donner la forme d'une longue saucisse, que vous découpez à son tour en tronçons réguliers d'environ 2 cm de long. Prenez chaque tronçon et roulez-le sur la face interne d'une fourchette en appuyant légèrement, pour obtenir la forme du gnocchi.

Utilisez ainsi toute la pâte. Quand les gnocchis sont prêts, ils peuvent se garder 2 ou 3 heures avant la cuisson : pour cela, vous les saupoudrez d'un peu de farine et vous les recouvrez avec un torchon propre et sec. Mais mieux vaut les utiliser tout de suite.

Pour cuire les gnocchis, jetez-les les uns après les autres, pour qu'ils ne s'agglutinent pas, dans une grande marmite d'eau bouillante salée. Vous les en retirerez avec une écumoire aussitôt qu'ils remontent à la surface. Disposez-les dans un plat profond, nappez de sauce tomate et de fromage râpé, servez immédiatement.

Les gnocchis doivent être consommés tout de suite, car ils durcissent en refroidissant et restent durs même réchauffés.

Pâté de champignons

- 1 kg de champignons de Paris (pour un pâté plus savoureux, on mélangera les champignons de Paris avec cèpes et girolles frais, ou déshydratés, que l'on fera tremper auparavant)
- 500 à 600 g de pain complet rassis
- 1 l de lait
- 200 g d'olives noires dénoyautées
- 750 g d'oignons
- 12 gousses d'ail
- quelques branches de persil frais
- 1 à 2 c. à s. d'herbes de Provence (thym, sarriette, romarin)
- sel, poivre, piment fort (facultatif)
- 100 g de levure diététique ou maltée
- 10 c. à s. d'huile environ

Concassez le pain et mettez-le à tremper dans le lait.

Pendant ce temps, hachez séparément : les oignons, les champignons, l'ail, le persil, les olives.

Mettez un peu d'huile à chauffer dans une cocotte et faites-y revenir les oignons, à feu vif. Quand ils sont blonds, ajoutez les champignons, l'ail, le persil ; salez, poivrez, assaisonnez selon votre goût avec les herbes de Provence et le piment. Lorsque tout est bien revenu, ajoutez les olives noires, puis le pain trempé. Broyez le tout avec un mixeur. Si vous n'avez pas de mixeur, passez le mélange dans un moulin à légumes. Remettez-le dans la cocotte. Laissez cuire à feu doux jusqu'à obtenir une consistance assez épaisse : le lait doit s'être évaporé.

En fin de cuisson, incorporez la levure, tournez bien puis versez le mélange dans une terrine ou un plat à pâté. Égalisez le dessus, que vous pouvez décorer de quelques dessins tracés à la fourchette, et enduisez-le d'une légère couche d'huile. Mettez à four moyen durant 40 minutes environ.

Ce pâté se conserve au moins une semaine au réfrigérateur.

Pâté de soja frit (« age dashi ») JAPON

- 3 blocs (700 g environ) de pâté de soja ou « tofu »
- 50 g de farine (de riz si possible)
- huile
- sel
- sauce de soja

Trois heures à l'avance, posez sur les blocs de tofu, recouverts d'une planche ou d'un plateau, un poids pas trop lourd (2 boîtes de conserve par exemple), afin d'en faire sortir l'eau.

Coupez les blocs ainsi pressés en petits morceaux rectangulaires d'environ 1 ou 2 cm d'épaisseur. Farinez légèrement la surface des morceaux et faites-les frire des deux côtés dans l'huile très chaude, à la poêle.

Retirez-les à l'aide d'une écumoire quand ils sont jaunâtres ou brun clair, et mangez-les avec un peu de sel et de sauce de soja.

Remarque

Vous pouvez aussi consommer le pâté de soja frit, très riche en protéines, avec une sauce aigre-douce, ou l'ajouter à certaines soupes et préparations de légumes.

Pâté végétal

- 250 g de pain complet rassis
- 5 gros oignons
- 3 gousses d'ail (ou davantage)
- 100 g de graisse végétale
- sel, poivre
- 100 g de levure (en poudre ou en paillettes)
- 1 à 3 c. à s. de poudre de basilic selon le goût
- 4 verres d'eau chaude

Faites tremper le pain dur dans l'eau chaude. Il doit être ramolli, mais attention, ne mettez pas trop d'eau.

Pendant ce temps, faites cuire à tout petit feu, dans la graisse végétale, les oignons coupés en lamelles, l'ail écrasé, avec le sel, le poivre et le basilic. Couvrez et laissez cuire 1 heure, en mettant la casserole sur un diffuseur s'il le faut, pour que les oignons soient bien dorés mais non brûlés.

Retirez du feu, versez dans une casserole plus grande si nécessaire et ajoutez le pain. Tournez pendant 15 minutes sur feu plus vif.

Hors du feu, ajoutez la levure et mélangez bien. Passez le tout à la moulinette dans un saladier ou un plat en terre. Huilez légèrement la surface.

Mettez le pâté sitôt refroidi au réfrigérateur, où il peut se conserver quelques jours.

Au moment de le déguster, démoulez-le sur un lit de feuilles de salade et décorez le dessus avec des olives noires et des feuilles de menthe.

Variantes

Pâté végétal aux carottes

Procédez comme pour le « pâté végétal » simple, en faisant cuire avec les oignons 250 g de carottes râpées. Remplacez le basilic par de la muscade, de la coriandre en poudre, ajoutez thym, romarin ou marjolaine, 1 feuille de laurier que vous retirerez avant de passer le pâté à la moulinette.

Décorez avec olives noires et carottes râpées crues.

Pâté végétal à la tomate

Suivez la recette du « pâté végétal » simple, en incorporant une petite boîte de concentré de tomate au moment où vous mélangez les oignons et le pain trempé. Ne salez pas.

Pissaladière (NICE)

- 500 g de pâte à pain
- 750 g d'oignons
- 12 olives noires
- sel, poivre
- 1 verre d'huile d'olive environ

Épluchez les oignons, coupez-les en rondelles et faites-les doucement blondir dans l'huile d'olive avec du sel et du poivre.

Foncez la tourtière avec la pâte, étalez sur celle-ci les oignons. Garnissez d'olives noires et arrosez d'un mince filet d'huile.

Faites cuire à four chaud (th. 7) de 15 à 20 minutes, jusqu'à ce que la pâte soit dorée.

Variante

Mêmes ingrédients, plus 3 tomates et de l'origan. Lorsque vous avez étalé le lit d'oignons sur la pâte, disposez par-dessus des rondelles de tomates et parsemez d'origan en poudre. Garnissez d'olives et faites cuire comme ci-dessus.

Cette variante se rapproche un peu de la « pizza », mais la véritable pissaladière ne comporte pas de tomates.

Pizza

PÂTE

Vous pouvez acheter de la pâte à pain chez votre boulanger, ou bien préparer vous-même le fond de tarte suivant l'une des recettes suivantes :

Recette 1

- 400 g de farine
- 12 cl d'huile d'arachide (ou autre)
- 10 cl d'eau
- sel

Mettez la farine dans un saladier, en y ajoutant deux bonnes pincées de sel. Mélangez avec une fourchette et formez une fontaine au milieu, dans laquelle vous versez les 3/4 de l'huile et de l'eau. Mélangez délicatement avec une fourchette, en ajoutant peu à peu le reste d'huile et, si besoin est, d'eau, jusqu'à ce que toute la farine soit liée en pâte. Finissez d'amalgamer la pâte à la main, en la travaillant le moins possible pour ne pas la durcir. Formez une boule que vous laissez dans le saladier recouvert d'un torchon.

Vous pouvez l'utiliser tout de suite. Mais elle sera meilleure si vous lui donnez un « tour ». Pour cela, après l'avoir laissée reposer 5 à 10 minutes, aplatissez-la sommairement (à la main ou au rouleau) durant 10 minutes et remettez-la en boule sans la pétrir. Laissez-la à nouveau reposer, couverte, quelques minutes. Étalez-la pour en recouvrir le moule à tarte légèrement huilé, et piquez-la avec une fourchette.

Cette pâte peut servir pour toutes les tartes salées. Elle peut se conserver 24 heures au réfrigérateur, bien enveloppée. Elle est alors un peu plus dure à étaler.

Recette 2

- 500 g de farine
- 200 g de graisse végétale ramollie à l'avance
- 1 verre d'eau
- sel, noix de muscade

Dans un saladier, mélangez la farine avec le sel et la noix de muscade, incorporez peu à peu la graisse et ajoutez l'eau. Pétrissez bien le tout et étalez dans le moule à tarte la pâte, qui donnera un fond assez épais. Piquez la pâte avec une fourchette avant de la garnir.

GARNITURE

- 6 tomates bien mûres
- 2 oignons
- 1 poivron
- 60 g de graisse végétale (ou d'huile)
- sel
- poivre
- thym, marjolaine ou basilic

Préparez une crème de tomates en faisant revenir dans la graisse ou l'huile les oignons émincés et le poivron coupé en lanières, puis les tomates pelées et coupées en morceaux. Ajoutez sel, poivre et les herbes de votre choix. Laissez cuire à feu doux 30 minutes.

Étalez cette préparation sur la pâte et mettez à four chaud (th. 7) pendant 1 heure environ.

Variantes

Chacun peut donner libre cours à son imagination. Vous pourrez par exemple garnir votre pizza de tomates crues et coupées en rondelles : mettez-en une bonne couche sur un lit de fromage râpé (gruyère ou cantal), salez fortement et poivrez. Saupoudrez d'ail, de persil et basilic hachés, de thym et de marjolaine. Décorez avec des olives noires et, facultativement, encore un peu de fromage râpé. Suivant votre goût et votre humeur, vous pourrez aussi utiliser de grosses rondelles d'oignon, des cœurs d'artichauts, des champignons, etc., et faire dominer l'origan, le thym, la marjolaine, le piment ou les câpres...

Rouleaux de printemps (CHINE)

- 6 crêpes de riz (en vente dans les magasins asiatiques)
- 6 feuilles de laitue
- 100 g de germes de soja
- 1 à 2 carottes
- 12 cacahuètes
- 50 g de vermicelles de soja
- sauce de soja
- sauce piquante
- 1 petite botte de coriandre fraîche

Mettez les crêpes de riz sèches entre deux torchons humides pour pouvoir les décoller. Laissez-les ainsi jusqu'à ce qu'elles soient assez souples pour être roulées sans se casser.

Pendant ce temps, faites cuire à l'eau salée les vermicelles de soja. Lavez les germes de soja, égouttez-les. Lavez les feuilles de laitue, essuyez-les délicatement. Pelez et râpez finement les carottes. Pilez les cacahuètes.

Étalez sur chaque crêpe de riz 1 feuille de laitue, dans laquelle vous disposez un peu de vermicelles, quelques germes de soja, 1 cuillerée de carottes râpées. Saupoudrez de cacahuètes pilées et d'un peu de coriandre hachée.

Roulez la crêpe sur elle-même, repliez-la vers l'intérieur aux deux extrémités pour fermer celles-ci. Piquez dans l'un des bouts une petite branche de coriandre.

Dégustez les rouleaux de printemps en trempant chaque bouchée, au choix, dans de la sauce piquante ou dans la sauce de soja.

Tarte alsacienne

- pâte à foncer faite avec 250 g de farine
- 1 kg d'oignons
- 10 cl de crème fraîche
- 1 verre de vin blanc sec (d'Alsace si possible)
- 125 g de beurre
- farine
- sel, poivre

Préparez la pâte et foncez votre tourtière.

Épluchez les oignons, hachez-les et faites-les cuire dans le vin blanc sec. Ils doivent être juste assez mouillés pour ne pas brûler. Si nécessaire, rajoutez très peu d'eau. Salez, poivrez. Quand les oignons sont cuits, ajoutez le beurre et laissez encore quelques minutes sur le feu. Retirez et mettez un peu de farine pour lier, puis 1 ou 2 c. à c. de crème, afin d'obtenir une bouillie demi-épaisse.

Vérifiez l'assaisonnement et garnissez le fond de tarte avec la préparation. Étalez dessus le restant de crème fraîche et laissez cuire à four moyen 30 minutes environ, jusqu'à ce que la tarte prenne une jolie couleur brune.

Tarte à l'oignon et aux champignons

GARNITURE
- 300 g de champignons de Paris
- 2 gros oignons
- 50 g de beurre (ou de graisse végétale)
- 75 cl de lait
- 50 g de farine (ou de Maïzena)
- 50 g de gruyère râpé
- sel, poivre, muscade, thym et romarin en poudre

Coupez en lamelles les oignons et les champignons, après les avoir bien nettoyés, et faites-les revenir dans le beurre. Salez, poivrez, ajoutez le thym, le romarin puis laissez mijoter à feu doux 15 à 20 minutes.

Préparez à côté une béchamel épaisse avec le lait et la farine, en y ajoutant à la fin le gruyère râpé. Salez, poivrez, ajoutez une pincée de noix muscade. Mélangez ensuite la béchamel avec les oignons et les champignons.

PÂTE
- 500 g de farine de blé (ou 400 g de farine de blé et 100 g de farine de sarrasin mélangées)
- 150 g de beurre (ou graisse végétale)
- sel, noix muscade

Dans un saladier, préparez la pâte à tarte avec la farine, une pincée de sel, un peu de noix muscade, un petit verre d'eau tiède et le beurre (ou la graisse végétale) ramolli au préalable. Pétrissez bien le tout, étalez la pâte dans un moule à tarte et piquez-la avec une fourchette.

Placez la préparation à base de champignons sur le fond de tarte et mettez environ 1 heure à four chaud (th. 7).

Tarte aux poireaux

- 750 g de poireaux
- 200 g de carottes (1 carotte pour 4 poireaux)
- 100 g de gruyère râpé (facultatif)
- sel, poivre, thym, laurier
- huile
- pâte brisée faite avec 250 g de farine
- quelques croûtons de pain grillés (facultatif)

Nettoyez les légumes. Coupez les poireaux en tronçons de 1 à 2 cm, et les carottes en petits morceaux.

Dans un peu d'huile, faites d'abord revenir le vert des poireaux, puis le blanc, enfin les carottes. Salez, poivrez, ajoutez les aromates et mouillez avec 1 verre à 1 1/2 verre d'eau suivant la quantité. Couvrez et laissez cuire à feu doux pendant 20 minutes.

Après la cuisson, ajoutez les croûtons de pain et le gruyère râpé ; vérifiez l'assaisonnement et étalez cette préparation sur la pâte.

Mettez 30 minutes au four à 230 °C (th 7-8).

Potages

« Cari » à la coriandre (« gujerati kari ») (INDE)

pour 4 personnes
- 4 yaourts
- 1 c. à s. de sucre
- 1 c. à s. de sel
- 1 c. à s. rase de curcuma
- 4 c. à s. de farine de pois chiche
- 2 bottes de coriandre fraîche
- 1 c. à c. de coriandre en poudre
- 1/2 c. à c. d'assa-foetida
- 2 c. à c. de graines de carvi
- 1 1/2 c. à c. de fenugrec
- 5 à 6 feuilles sèches de curry (ou 1 feuille de laurier)
- 1 à 3 petits piments verts frais (ou 2 piments secs « langue d'oiseau »)
- 25 à 30 g de beurre (ou 3 c. à s. d'huile)

Lavez soigneusement la coriandre et ne gardez que les feuilles.

Dans un saladier, délayez les yaourts dans deux fois et demie leur volume d'eau : pour les 4 yaourts, vous mesurez 10 pots d'eau avec les pots vides. (Ne remplissez pas les pots à ras bord : il vaut mieux mettre un peu moins d'eau que trop.)

Mélangez ensuite le sucre, la farine de pois chiche (que vous pouvez délayer au préalable dans très peu d'eau pour éviter les grumeaux), le sel, le curcuma. Tournez bien pour que la crème soit homogène. Ajoutez les feuilles de coriandre et éventuellement les piments verts coupés en très fines rondelles.

Faites fondre le beurre dans une sauteuse à fond épais. Lorsqu'il est brûlant, faites-y revenir d'abord le carvi, puis le fenugrec (et les piments secs si vous n'avez pas trouvé de piments verts). Laissez rôtir légèrement, ajoutez assa-foetida et coriandre en remuant rapidement avec une cuillère de bois pour éviter que le mélange ne brûle.

Versez alors la préparation à base de yaourt, laissez bouillonner à feu doux 4 à 5 minutes, et servez.

Potages / 76

Variante

« Cari » au cerfeuil

Procédez comme pour le « cari à la coriandre » en remplaçant la coriandre par du cerfeuil, plus facile à trouver, plus familier aussi aux palais occidentaux.

Crème de cerfeuil

- 6 pommes de terre
- 1 botte de cerfeuil
- 50 cl de lait
- sel, poivre
- crème fraîche
- croûtons frits dans le beurre

Nettoyez le cerfeuil, épluchez les pommes de terre, coupez-les en dés. Faites chauffer le lait additionné de 50 cl d'eau. Mettez-y les pommes de terre et laissez-les bouillir 30 minutes. Salez, poivrez. Dix minutes avant la fin de cuisson, rajoutez le cerfeuil émincé.

Passez le potage si vous le désirez. Au moment de servir, incorporez un peu de crème fraîche et garnissez de croûtons.

Crème de cresson

- 1 botte de cresson
- 2 à 3 oignons
- 60 g de beurre
- 75 cl de lait
- 2 c. à c. de farine
- 10 cl de crème fraîche
- 1 c. à s. d'arrow-root
- sel, poivre
- croûtons (facultatif)

Nettoyez le cresson et retirez les queues. Hachez les feuilles avec les oignons. Dans une casserole, faites fondre le beurre, mettez-y le hachis de cresson et d'oignons. Couvrez, laissez cuire 10 minutes à feu doux.

Pendant ce temps, faites bouillir le lait mélangé à 25 cl d'eau.

Hors du feu, ajoutez la farine au cresson. Mélangez, salez, poivrez puis versez peu à peu le lait. Remettez sur le feu et laissez frémir 15 minutes.

Dans un bol, mélangez la crème, l'arrow-root, 1 cuillerée de lait et 2 c. à c. de soupe chaude. Versez cette préparation en petit filet quand la soupe est encore sur le feu. Tournez sans cesse. Servez la crème de cresson avec des croûtons.

(Vous pouvez aussi passer le cresson au moulin à légumes après la première cuisson.)

Crème de fèves fraîches

- 300 g de fèves fraîches écossées
- 1 belle branche de sarriette
- 4 c. à s. de crème fraîche
- sel, poivre
- fines herbes
- 1 l d'eau ou infusion de sarriette

Écossez les fèves et enlevez la première peau qui les enveloppe. Faites-les bouillir à l'eau salée avec la branche de sarriette. Laissez cuire de 20 à 30 minutes. Retirez la branche de sarriette, passez les fèves au presse-purée avec l'eau de cuisson, ajoutez le poivre, la crème fraîche et servez après avoir parsemé de fines herbes hachées.

Garbure béarnaise

- 250 g de haricots blancs écossés
- 150 g de fèves fraîches écossées (ou seulement 250 g de l'un ou de l'autre)
- 1 gros oignon
- 4 carottes
- 1 petit chou
- 4 poireaux
- 4 grosses pommes de terre
- 1 navet
- 4 gousses d'ail
- 2 c. à s. d'huile d'arachide
- sel, poivre
- thym, romarin, 1 brin de basilic
- 1 c. à s. de concentré de tomate (facultatif)

Faites revenir dans l'huile l'oignon émincé, puis ajoutez les carottes coupées en rondelles, le chou en petits morceaux, les poireaux en tronçons d'environ 1 cm, les pommes de terre et le navet en morceaux, les haricots et, éventuellement, les fèves si c'est la saison. Versez 2 l d'eau, salez, poivrez, mettez thym, romarin, et laissez cuire à feu doux pendant 1 heure. Vers la fin de la cuisson, ajoutez le basilic, les gousses d'ail entières et, éventuellement, le concentré de tomate.

C'est une soupe très riche et nourrissante, qui peut constituer un repas à elle seule.

« Plain water rasam » (INDE DU SUD)

- 1 noisette de tamarin
- 10 gousses d'ail avec leur peau
- 10 feuilles sèches de curry (ou 3 feuilles de laurier)
- 1 petit piment sec « langue d'oiseau »
- 3 brins de coriandre fraîche (facultatif)
- 3/4 c. à c. de sel
- 3/4 c. à c. de poivre noir
- 3/4 c. à c. de carvi en poudre (ou de cumin)
- 1/2 c. à c. de graines de moutarde
- 5 g de beurre (ou 1 c. à c. d'huile)
- 1 c. à c. de lentilles corail

Faites tremper dans 3 bonnes tasses d'eau tiède le tamarin et l'ail grossièrement écrasés ; ajoutez le sel, le poivre et le carvi.

Dans une cocotte ou une sauteuse, faites revenir dans le beurre les graines de moutarde qui vont « exploser » ; quand elles auront cessé de faire du bruit, ajoutez la cuillerée de lentilles, puis, lorsque celles-ci ont pris une teinte brun clair, le piment fendu en deux et les feuilles de curry. Laissez frire quelques instants puis versez-y l'eau tiède et son contenu. Faites bouillir vigoureusement pendant 5 minutes.

Servez dans des verres ou des tasses pour accompagner des plats de légumes ou de céréales.

À mi-chemin entre une soupe et une boisson, ce « rasam » est particulièrement digeste, même pour les estomacs les plus délicats.

Potage à l'ananas (piquant)

- 1 ananas moyen, bien mûr (1 kg à 1,300 kg)
- 15 g de gingembre frais
- 1 gros oignon
- 3 c. à s. de vinaigre
- 3 à 4 c. à s. de sauce de soja
- 1 à 2 c. à s. rases de sucre
- 2 petits piments secs « langue d'oiseau »
- 2 c. à s. de farine (ou de Maïzena)
- 1/2 c. à c. de sel
- 1/2 c. à c. de poivre noir
- 2 c. à s. d'huile

Épluchez l'oignon et hachez-le finement.

Lavez avec soin le gingembre et l'ananas avant de les éplucher ; conservez leurs peaux, mettez-les dans 1 l d'eau chaude et laissez bouillir vigoureusement durant 5 à 7 minutes. Passez cette décoction et laissez-la en attente. Émincez le gingembre. Hachez menu 2 tranches d'ananas, coupez en dés le restant du fruit.

Dans une cocotte ou une sauteuse, faites chauffer l'huile et, lorsqu'elle est très chaude, mettez-y à frire les piments, l'oignon, le gingembre et l'ananas haché. Remuez constamment durant 5 minutes, puis ajoutez le vinaigre, la sauce de soja, 1 c. à s. de sucre (2 c. à s. si l'ananas est un peu acide), le sel et le poivre. Continuez à tourner puis ajoutez les morceaux d'ananas, avec tout leur jus. Ajoutez la farine délayée dans un peu d'eau et mouillez aussitôt avec la décoction. Rajoutez un peu d'eau chaude si nécessaire, pour obtenir la quantité de potage voulue, en fonction du jus rendu par l'ananas.

Portez à ébullition et laissez frémir 5 minutes avant de servir.

Potage andalou

- 1 concombre
- 1 c. à s. de concentré de tomate
- 1 oignon
- 1 c. à s. d'huile d'olive
- sel
- poivre
- piment de Cayenne
- cannelle en poudre

Faites revenir l'oignon coupé fin dans l'huile, ajoutez le concentré de tomate, salez, poivrez, mettez une pincée de piment et de cannelle. Mouillez avec environ 1 l d'eau et laissez cuire 10 minutes. Puis ajoutez le concombre pelé et coupé en dés, qui doit cuire à peine 1 minute.

Laissez refroidir et consommez très frais.

Potage aux asperges

- 1 kg d'asperges
- 1 oignon
- 1 c. à s. de farine (ou de crème de riz)
- 1 c. à s. d'huile (arachide ou sésame de préférence)
- sel, poivre, muscade
- croûtons

Faites cuire les asperges (préalablement pelées) 10 minutes dans l'eau bouillante. Salez. Coupez les pointes d'asperges, mettez-les à part. Passez au moulin à légumes la partie blanche des asperges en mouillant avec l'eau de cuisson.

Faites revenir à l'huile l'oignon finement coupé. Lorsqu'il est blond, ajoutez la farine. Versez lentement sur ce roux la purée d'asperges ; salez, poivrez, muscadez. Laissez cuire à petits bouillons 10 minutes. Au moment de servir, rajoutez les pointes d'asperges et les croûtons frits.

Potage velouté au potiron

- 1 kg de potiron
- 2 oignons
- 4 à 5 gousses d'ail
- 1 c. à s. de graisse végétale (ou de beurre)
- 4 c. à s. de farine de sarrasin ou de millet (type macrobiotique)
- sauce de soja (ou tamari)
- sel
- croûtons (facultatif)

Coupez le potiron en petits dés, les oignons et l'ail en lamelles.

Faites dorer tout ensemble dans une cocotte avec la graisse végétale. Lorsqu'ils sont presque cuits, ajoutez 1 bol d'eau et laissez bouillonner ensuite.

Pendant ce temps, délayez la farine dans 1 bol d'eau froide puis mettez-la à cuire en tournant sans arrêt. Elle doit cuire 15 minutes après le début de l'ébullition. Versez-la ensuite sur le potiron, tournez bien et laissez cuire quelques minutes en rajoutant de l'eau ou du lait si nécessaire. Salez très peu. Retirez du feu et passez au mixeur.

Assaisonnez avec 1 ou 2 c. à s. de sauce de soja ou tamari, et servez avec des croûtons grillés.

Variante

Potage aux fanes de radis

Procédez comme pour le « potage velouté au potiron », en remplaçant le potiron par 2 bottes de fanes de radis, qui doivent être bien fraîches et vertes.

Potage rapide à la tomate

- 3 tomates bien mûres (ou 3 c. à c. de concentré de tomate)
- 1 gros oignon
- 1 gousse d'ail
- 1 c. à s. d'huile d'olive
- 1 brin de thym (ou de romarin)
- 1 brin d'hysope
- 5 à 6 c. à s. de vermicelle (ou de tapioca ou de semoule fine)
- sel, poivre (ou piment fort)
- bouzou (poudre de racines d'igname) (facultatif)

Faites revenir dans l'huile l'oignon coupé en lamelles et la gousse d'ail. Ajoutez les tomates pelées et coupées en morceaux, ou le concentré. Salez, poivrez ou assaisonnez d'une pincée de piment, ajoutez les herbes aromatiques. Versez 1 l d'eau.

Laissez cuire à petits bouillons de 5 à 10 minutes et à la fin ajoutez vermicelle ou tapioca. Si le potage est trop acide, ajoutez un peu de bouzou délayé au préalable dans de l'eau.

Potage vert

pour 4 personnes
- 5 feuilles de blettes (ou 300 g de fanes de radis)
- 1 branche de céleri
- 1 poireau
- 1 bel oignon
- 3 gousses d'ail
- 3 c. à s. de sauce de soja
- 1 grosse noix de beurre
- 1,5 l d'eau (ou de bouillon de légumes)

Nettoyez les légumes. Passez au hachoir électrique ou hachez finement les verdures, l'oignon, l'ail... Dans une casserole, faites fondre le beurre et versez-y la purée verte. Remuez pendant 3 minutes. Ajoutez la sauce de soja et mouillez le tout progressivement avec l'eau. Laissez cuire 10 minutes à feu moyen.

Variante

Pour obtenir un parfait velouté, ajoutez au potage, en même temps que la sauce de soja, une cuillère de flocons d'avoine. Laissez cuire comme précédemment et passez le tout au mixeur avant de servir.

Soupe à la betterave (d'après le bortsch russe)

- 500 g de betterave crue
- 1/4 de chou rouge
- 1 bel oignon
- 3 poireaux
- 1 petite branche de céleri
- 2 feuilles de laurier
- 2 clous de girofle
- sel, poivre
- huile ou beurre
- 10 cl de crème fraîche
- 1 citron

Nettoyez tous les légumes. Émincez l'oignon, coupez le chou en lanières moyennes, les poireaux en petits morceaux, la betterave en tranches fines (que vous couperez en deux ou en quatre si elles sont très larges).

Dans une cocotte, faites revenir dans un peu d'huile tous les légumes pendant 10 minutes. Mouillez avec 1 l d'eau chaude (ou de bouillon de légumes), ajoutez le céleri, le laurier, les clous de girofle, du sel et du poivre. Couvrez et laissez cuire à petits bouillons 40 minutes environ, jusqu'à ce que la betterave soit tendre.

Battez la crème fraîche avec le jus du citron, pour obtenir de la crème sure. Versez cette crème sur la soupe, ou bien mettez-en 1 bonne cuillerée dans chaque assiette lorsque vous la servez.

« Soupe habitante » (MARTINIQUE)

pour 6 personnes

- 3 à 4 bottes d'épinards
- 500 g de potiron
- 1 concombre
- 1 petit chou vert bien pommé
- 1 pomme de terre
- 1 branche de céleri
- 4 gousses d'ail
- 20 g de beurre, sel, poivre

Nettoyez les légumes. Épluchez le concombre et la pomme de terre. Coupez-les en gros morceaux, ainsi que le chou et le potiron dont vous aurez retiré peau et graines. Mettez à cuire dans 2 l d'eau environ avec les épinards, le céleri, les gousses d'ail épluchées et coupées en deux.

Laissez frémir 40 minutes puis passez le tout à la moulinette ou au presse-purée. Ajoutez sel, poivre, beurre et remettez à feu doux pendant 20 minutes. Servez bien chaud.

Soupe aux légumes (CHINE)

- 2 carottes
- 10 à 12 feuilles de chou blanc
- 100 g de chou-fleur
- 1 navet (pas trop gros)
- quelques feuilles de laitue
- 100 g de pousses de bambou
- 50 g de germes de soja
- 3 oignons verts
- 1 c. à c. de farine
- 1 c. à s. de sauce de soja
- 1 à 2 c. à c. de glutamate de sodium (facultatif)
- sel
- huile

Nettoyez les légumes, déchirez les feuilles de chou et de salade en trois ou quatre, coupez les carottes en rondelles, ainsi que le navet. Hachez les oignons. Émincez le chou-fleur.

Faites revenir dans un peu d'huile tous ces légumes à feu assez vif. Remuez pour qu'ils n'accrochent pas au fond de la casserole. Au bout de 5 minutes, ajoutez les germes de soja et laissez revenir encore 2 minutes. Mettez le glutamate de sodium. Mouillez avec un peu plus de 1 l d'eau. Salez. Laissez cuire à feu doux 20 minutes.

Ajoutez la farine délayée dans très peu d'eau, puis la sauce de soja. Mélangez bien et laissez encore mijoter 5 minutes avant de servir.

Soupe aux lentilles

- 250 g de lentilles vertes du Puy
- 3 tomates
- 2 beaux oignons
- beurre
- sel, poivre
- 1 bouquet garni
- crème fraîche (ou lait)
- croûtons de pain frits (facultatif)

Faites tremper les lentilles plusieurs heures à l'avance, après les avoir soigneusement triées.

Émincez les oignons et faites-les blondir dans du beurre. Ajoutez les tomates coupées en quartiers et le bouquet garni. Laissez revenir le tout quelques minutes et mettez les lentilles égouttées. Recouvrez d'eau bouillante. Salez, poivrez et laissez cuire de 45 minutes à 1 heure, en rajoutant de l'eau de temps à autre si nécessaire.

Lorsque les lentilles commencent à crever, passez le tout au moulin à légumes. Ajoutez, au choix, un peu de crème fraîche ou du lait et servez avec des croûtons de pain frits dans le beurre.

Soupe au maïs (CHINE)

- 6 beaux épis de maïs
- 2 c. à s. de Maïzena
- 1 à 2 c. à s. de sucre
- 1 c. à c. de sauce de soja
- 3/4 c. à c. de glutamate de sodium (facultatif)
- sel

Lavez les épis de maïs. Faites-les cuire dans une cocotte, largement recouverts d'eau froide. Comptez environ 15 minutes de cuisson à partir de l'ébullition. Égouttez les épis et détachez tous les grains. Dans une casserole, mettez les grains de maïs et 4 à 5 tasses d'eau de cuisson. Ajoutez la Maïzena délayée dans un peu d'eau. Portez à ébullition. Ajoutez le sucre, le glutamate de sodium et du sel. Laissez mijoter et cuire à petits bouillons 30 minutes et ajoutez la sauce de soja avant de servir.

Pour relever le goût de cette soupe, très douce, vous pouvez présenter sur la table un petit bol avec des piments verts frais coupés en fines rondelles et macérant dans du vinaigre.

Si vous êtes pressé, remplacez le maïs frais par 1/2 boîte de maïs doux au naturel (300 g environ), que vous laisserez mijoter 30 minutes dans 1 l d'eau avec les mêmes ingrédients que ci-dessus. Réduisez un peu la quantité de sucre, cependant.

Soupe à l'oignon

- 4 à 6 oignons
- 1 gousse d'ail
- 60 g de beurre
- 3 c. à s. d'huile
- 1 c. à s. de farine
- 80 g de fromage râpé
- croûtons (ou tranches de pain)
- sel, poivre

Émincez les oignons, hachez l'ail et faites dorer le tout dans le beurre et l'huile mélangés. Quand les oignons sont translucides et fondus, ajoutez la farine, mélangez bien puis versez en une seule fois 1 l d'eau froide. Remuez et portez à ébullition.

Passez au mixeur.

Servez la soupe saupoudrée de fromage et accompagnée de croûtons, ou faites-la gratiner au four chaud dans des bols de terre cuite individuels, en mettant dessus une tranche de pain recouverte de fromage râpé.

Soupe à l'orge

- 150 g d'orge mondé
- 150 g de haricots verts frais
- 2 carottes
- 150 g de chou
- 1 bel oignon
- sel
- poivre
- huile ou beurre

Nettoyez tous les légumes et coupez-les en julienne.

Faites fondre doucement le beurre dans une grande casserole, mettez-y à revenir les légumes et l'oignon émincé. Mouillez doucement avec 1 l à 1,5 l d'eau chaude (ou de bouillon de légumes), ajoutez l'orge. Salez, poivrez, laissez cuire jusqu'à ce que les grains d'orge éclatent et soient bien tendres.

Soupe d'orties

- 2 kg d'orties
- 6 pommes de terre
- 3 oignons
- sel
- poivre
- beurre

L'ortie est une plante aux multiples vertus médicinales : astringente, expectorante, elle est excellente pour purifier le sang. N'hésitez pas à l'utiliser en cuisine : en beignets, à la crème, sous forme de farce, vous pouvez l'employer comme des épinards.

Cueillez les orties d'avril à septembre, lorsqu'elles sont en fleurs. N'oubliez pas de mettre des gants pour les couper et pour les nettoyer : lavez-les, prenez simplement les feuilles que vous faites revenir dans un peu de beurre ou d'huile, avec les oignons émincés. Versez 1,5 l d'eau, ajoutez les pommes de terre coupées en dés, laissez cuire 20 minutes environ. Salez, poivrez.

Servez la soupe d'orties telle quelle ou bien passée, avec une bonne noix de beurre.

Soupe au pistou

- 300 g de haricots verts plats d'Espagne
- 200 g de haricots blancs frais, écossés
- 200 g de haricots rouges frais, écossés
- 4 pommes de terre
- 3 petits poireaux
- 2 courgettes
- 1 oignon
- 4 à 6 gousses d'ail
- 1 petite branche de céleri (2 feuilles)
- 2 branches de basilic frais
- 2 poignées de pâtes (petits coudes ou gros vermicelle)
- 100 g de parmesan râpé
- 1 verre d'huile d'olive
- sel
- poivre

Nettoyez tous les légumes et coupez-les en petits dés.

Mettez les haricots rouges et blancs dans 2,5 l d'eau froide. Couvrez, laissez cuire à feu moyen. Dès l'ébullition, rajoutez tous les autres légumes ; salez, poivrez, laissez reprendre le bouillon puis laissez cuire à couvert et à tout petit feu de 1 heure à 1 h 30. Dix minutes avant la fin de la cuisson, rajoutez les pâtes.

Pendant ce temps, pilez dans un mortier les gousses d'ail et les feuilles de basilic lavées. Versez l'huile en filet, mélangez bien jusqu'à consistance de pommade lisse.

Versez le « pistou » dans la soupe juste avant de servir et mettez un petit bol de parmesan sur la table pour que chacun en saupoudre son assiette de soupe.

Variante

Vous pouvez rajouter 4 carottes, 2 tomates (pelées) et 1 ou 2 petits navets bien frais, mais certains puristes préfèrent exclure ces légumes de la soupe au pistou, car ils dénaturent le parfum du basilic.

Soupe aux pois chiches

- 1 kg de pois chiches cuits (ou 1 boîte de pois chiches en conserve de 1 kg)
- 6 tomates
- 3 oignons
- 1 à 2 gousses d'ail
- sel, poivre, coriandre
- herbes de Provence (serpolet, romarin, thym, sarriette...)
- 1,5 l de tisane de sauge (facultatif)

Épluchez les tomates et coupez-les en morceaux. Épluchez l'ail, les oignons, émincez ceux-ci. Mettez dans une cocotte tous les ingrédients, en dosant l'assaisonnement et les herbes selon votre goût. Recouvrez d'eau tiède, ou mieux, d'une infusion de sauge : votre soupe sera plus parfumée. Laissez cuire à feu doux pendant 1 heure.

Soupe au romarin

- 1 belle branche de romarin
- 1 branche de thym
- 1 branche de sauge
- 6 gousses d'ail
- pain rassis
- levure de bière
- sauce de soja (ou tamari)
- poivre

Faites bouillir 15 minutes dans 1 l d'eau les herbes et l'ail écrasé.

Passez, puis versez dans les assiettes garnies de pain rassis. Poivrez, saupoudrez de levure et assaisonnez avec la sauce de soja ou tamari.

Variante

Remplacez la sauce de soja par une noix de beurre (ou un peu d'huile). N'oubliez pas alors de saler. Saupoudrez le pain de fromage râpé avant de verser la soupe dans les assiettes. Ajoutez un peu de levure.

Soupe « shorba » (TUNISIE)

- 1/2 boîte de pois chiches (250 g)
- 1 oignon
- 4 tomates
- 2 gousses d'ail
- 250 g de petites pâtes
- 1 c. à s. de harissa en poudre
- 2 c. à c. de curcuma
- 3/4 c. à c. de poivre noir
- 2 grosses pincées de sel
- huile

Faites chauffer de l'huile dans un faitout, mettez-y à frire les pois chiches. Quand ils commencent à dorer, mettez l'oignon coupé en morceaux, les tomates en quartiers et l'ail haché. Ajoutez la harissa et couvrez avec 1 1/2 verre d'eau. Portez à ébullition et rajoutez 1 l à 1,5 l d'eau. Laissez bouillir à gros bouillons 20 à 30 minutes. Rajoutez le sel, le curcuma, le poivre et les petites pâtes. Remuez, laissez bouillonner encore 10 minutes pour que les pâtes soient cuites.

Soupe (froide) au yaourt (IRAN)

- 4 yaourts
- 1 oignon
- 1 concombre
- 2 brins de persil
- 1 petite branche de menthe fraîche (ou 1 sachet de menthe pour infusion)
- 75 g de raisins blonds secs
- 50 g de cerneaux de noix
- sel, poivre

Dans une grande soupière ou un saladier, délayez les yaourts avec 1 verre d'eau froide (un peu plus s'ils sont très épais). Brassez avec une fourchette afin d'obtenir une crème bien lisse. Salez, poivrez, ajoutez les oignons émincés finement et le concombre coupé en petits cubes ou en demi-rondelles, le persil et la menthe hachés (ou le contenu du sachet), les raisins secs lavés au préalable, enfin les cerneaux grossièrement concassés. Mélangez bien le tout. Si vous préparez cette soupe à l'avance, remuez à nouveau juste avant de servir, pour que les ingrédients plus lourds ne restent pas au fond de la soupière. Parsemez le dessus de quelques feuilles de menthe, cerneaux de noix ou tranches de concombre.

Tourin à la tomate (PAYS BASQUE)

- 1,5 kg d'oignons
- 1,5 kg de tomates
- sel, poivre
- épices et aromates
- 1,5 l d'eau froide
- huile d'arachide

Voici un délicieux potage qui nécessite peu d'ingrédients mais beaucoup de temps : de votre patience dépend sa réussite...

Épluchez les oignons, émincez-les et faites-les revenir dans une cocotte avec de l'huile. Lorsqu'ils sont bien dorés et fondants, ajoutez les tomates coupées en six. Laissez réduire en tournant doucement. Salez, poivrez, ajoutez les herbes et les épices de votre choix et versez l'eau froide. Portez à ébullition et laissez cuire à petits bouillons pendant au moins 1 heure. Passez le tourin à la moulinette et servez-le très chaud.

Variante

Au dernier moment, vous pouvez ajouter dans le potage déjà passé 300 g de champignons que vous aurez fait revenir, hachés très fin, avec de l'ail et un peu de persil.

Velouté d'artichauts

- 12 artichauts moyens
- 1/2 citron
- 2 oignons
- 50 cl de lait
- 2 c. à s. de farine
- 50 g de beurre
- sel, poivre
- croûtons frits

Lavez les artichauts, épluchez-les pour ne garder que les fonds et les tiges. (Les feuilles serviront pour un autre repas.) Frottez-les avec du citron pour qu'ils ne noircissent pas et faites-les bouillir 15 minutes dans l'eau salée. Égouttez et réduisez en purée fonds et tiges.

Dans une casserole, faites revenir les oignons hachés dans le beurre. Lorsqu'ils sont blonds, ajoutez la farine et mouillez avec un peu de lait. Ajoutez la purée d'artichauts, puis le restant du lait plus 50 cl d'eau. Salez, poivrez. Laissez cuire encore quelques minutes et servez accompagné de croûtons frits.

Velouté de tomates

- 5 à 6 tomates bien mûres
- 1 carotte
- 2 oignons
- 1 c. à s. de farine
- 50 g de beurre
- 60 g de riz cuit
- sel
- poivre
- 2 morceaux de sucre
- 1 branche de persil

Écrasez les tomates avec une fourchette. Émincez les oignons et coupez la carotte en rondelles.

Faites blondir les oignons et la carotte dans 20 g de beurre. Quand ils sont bien revenus, ajoutez la farine puis les tomates écrasées avec le jus et les graines. Mouillez avec environ 1 l d'eau. Salez, poivrez, mettez le sucre et le persil puis laissez cuire doucement 20 minutes.

Passez dans une passoire fine pour que les graines soient retenues. Remettez ensuite la purée de tomates à feu doux, rajoutez un peu d'eau si nécessaire, puis le restant de beurre et le riz.

Pâtes

Cannellonis aux champignons

- 1 boîte de cannellonis
- 350 g de champignons
- 60 g de beurre
- 1 bol de sauce béchamel (voir page 181)
- 1 à 2 c. à s. de crème fraîche
- 60 g de gruyère râpé
- sel, poivre, muscade (facultatif)

Faites pocher les cannellonis dans de l'eau bouillante salée, selon le temps indiqué sur la boîte. Égouttez-les.

Émincez les champignons et faites-les étuver dans le beurre, à couvert, et à feu doux, pendant 10 minutes.

Incorporez la crème fraîche à la béchamel, ajoutez les champignons, une partie du gruyère râpé. Salez, poivrez, muscadez.

Mettez un peu de cette farce au centre de chaque cannelloni, roulez celui-ci comme un cigare. Dans un plat à gratin beurré, disposez côte à côte les cannellonis, saupoudrez-les avec le restant de gruyère râpé et parsemez de noisettes de beurre. Faites dorer à four chaud 15 minutes.

Coudes au céleri

- 250 g de coudes
- 3 branches de céleri
- 1 bel oignon
- 40 à 50 g de beurre
- 3 c. à s. de farine
- 3 c. à s. de concentré de tomate
- 25 cl de bouillon de légumes (ou de vin blanc)
- 25 cl d'eau
- 80 g de parmesan râpé
- sel

Émincez l'oignon et coupez le céleri en petits morceaux. Faites revenir les deux ensemble dans le beurre jusqu'à ce qu'ils soient tendres. Ajoutez la farine pour lier, le concentré de tomate et mouillez peu à peu avec l'eau puis avec le bouillon ou le vin. Salez. Tournez jusqu'à ce que cette préparation prenne une consistance lisse et épaisse. Faites cuire les pâtes à l'eau bouillante salée. Égouttez et mélangez à la sauce. Servez-les saupoudrés de fromage râpé.

Macaronis au gratin

- 500 g de macaronis
- 300 g de champignons de Paris
- 120 g de fromage râpé
- sauce béchamel (voir page 181)
- sel, poivre
- huile
- chapelure

Faites cuire les macaronis à l'eau salée.

Préparez pendant ce temps une sauce béchamel.

Émincez les champignons et faites-les revenir dans un peu d'huile avec sel et poivre. Ajoutez à la béchamel le fromage râpé, puis les champignons et les macaronis égouttés. Mélangez bien, vérifiez l'assaisonnement et disposez le tout dans un plat à gratin huilé. Saupoudrez de chapelure et laissez gratiner pendant 15 minutes.

Macaronis aux petits pois

- 250 g de macaronis
- 125 g de petits pois en boîte
- 4 belles tomates
- 2 oignons
- 250 g de champignons
- 100 g de fromage râpé (facultatif)
- sel, poivre
- huile

Ébouillantez les tomates pour les peler. Épluchez et émincez les oignons, puis mettez-les à revenir dans l'huile. Lorsqu'ils prennent couleur, ajoutez les tomates coupées en morceaux. Salez, poivrez et laissez réduire à feu doux. Quand la sauce commence à épaissir, ajoutez les champignons finement coupés et légèrement revenus à l'huile au préalable. Laissez cuire à feu très doux.

Pendant ce temps, faites cuire les macaronis à l'eau salée, puis égouttez-les.

Ajoutez à la sauce tomate le contenu de la boîte de petits pois et les macaronis. Vérifiez l'assaisonnement et laissez mijoter environ 5 minutes. Saupoudrez de fromage râpé avant de servir.

Nouilles aux oignons

- 250 g de nouilles
- 1 kg d'oignons
- 50 g de beurre (ou d'huile)
- sel, poivre
- 10 cl de crème fraîche (facultatif)

Épluchez et émincez les oignons. Faites-les blondir doucement dans le beurre avec du sel et du poivre.

Pendant ce temps, faites cuire les nouilles à l'eau salée et égouttez-les.

Lorsque les oignons sont fondants, incorporez délicatement la crème fraîche, puis ajoutez les nouilles et laissez mijoter le tout quelques minutes avant de servir.

Variante

Vous pouvez remplacer la crème fraîche par un petit verre de vin blanc, dont vous mouillerez les oignons avant d'ajouter les nouilles, ou encore par 1/2 verre de sauce de soja.

Nouilles croquantes aux légumes en sauce aigre-douce (CHINE)

- 500 g de pâtes jaunes ovales plates (épiceries asiatiques)
- farine
- huile pour friture
- 1 poivron vert
- 2 carottes
- 1 paquet de champignons noirs
- 1 boîte de pousses de bambou
- 1 boîte d'ananas en tranches (ou 200 g d'ananas frais)
- 2 petits oignons
- 1 gousse d'ail
- 1 c. à s. de sucre
- 1 c. à s. de vinaigre
- 1 c. à s. de sauce de soja
- 1 c. à s. rase de fécule de pomme de terre (ou de Maïzena)
- sel
- huile
- quelques brins de coriandre fraîche

SAUCE

Nettoyez les légumes. Videz le poivron de ses graines, coupez-le en dés, ainsi que les carottes, les pousses de bambou et l'ananas égouttés au préalable.

Dans une sauteuse, faites chauffer un peu d'huile et mettez-y à revenir l'oignon et l'ail finement hachés. Versez dessus la sauce de soja, une pincée de sel, le sucre, le vinaigre. Ajoutez la fécule que vous aurez d'abord délayée dans un peu de jus d'ananas. Portez à ébullition et laissez mijoter environ 5 minutes.

D'autre part, faites revenir dans un peu d'huile tous les légumes coupés et les champignons noirs. Lorsqu'ils sont revenus, ajoutez-les à la sauce.

PÂTES

Pendant ce temps, mettez les pâtes à tremper 15 minutes dans de l'eau tiède, puis égouttez-les. Étalez un peu de farine dans une assiette et roulez-y les pâtes pour éviter qu'elles ne collent. Plongez-les pendant 2 minutes dans l'huile de friture chaude. Retirez-les avec une écumoire et égouttez-les quelques instants sur un papier absorbant.

Servez séparément les pâtes et la sauce aigre-douce. À la dernière minute, parsemez celle-ci de feuilles de coriandre entières ou grossièrement hachées.

Pâtes à l'ail

- 250 g de spaghettis
- 6 belles tomates
- 6 gousses d'ail
- quelques brins de persil
- sel, poivre
- 3 c. à s. d'huile

Broyez ensemble au mixeur (ou passez au moulin à légumes) les tomates, l'ail, le persil, l'huile, sel et poivre. Mettez cette sauce en attente dans un grand plat creux ou un saladier.

Faites cuire les spaghettis à l'eau salée. Égouttez-les et plongez-les encore bouillants dans la sauce. Mélangez bien et dégustez aussitôt.

Pâtes aux épinards

pour 4 personnes

- 250 g de nouilles larges
- 1 kg d'épinards
- 25 cl de coulis de tomates
- sel, poivre
- beurre
- gruyère râpé, chapelure

Faites cuire les pâtes à l'eau salée.

Pendant ce temps, faites blanchir les épinards. Égouttez-les bien, hachez-les finement et assaisonnez-les selon votre goût. Incorporez-y une grosse noix de beurre.

Dans un plat à gratin, déposez une couche de pâtes, saupoudrez de gruyère, recouvrez d'une couche d'épinards puis d'une seconde couche de pâtes. Arrosez avec le coulis de tomates, saupoudrez de gruyère râpé et de chapelure et laissez gratiner 15 minutes à four chaud.

Spaghettis au basilic

- 500 g de spaghettis
- 2 bouquets de basilic frais
- 2 gousses d'ail (facultatif)
- 2 à 3 c. à s. d'huile d'olive
- 150 g de parmesan râpé
- sel, poivre

Faites cuire les spaghettis à l'eau salée.

Pendant ce temps, lavez le basilic, hachez grossièrement les feuilles puis achevez de les piler dans un mortier.

Dans un saladier, préparez une sauce avec l'huile d'olive, le basilic, l'ail finement haché, du sel, du poivre.

Dès que les spaghettis sont cuits, égouttez-les et mettez-les encore bouillants dans le saladier. Donnez quelques tours pour les imprégner également de sauce et ajoutez le parmesan tout en continuant à tourner pour qu'ils ne collent pas.

Céréales

Blé aux poivrons

- 300 g de blé entier
- 4 poivrons
- 2 oignons
- 2 tomates
- 250 g de champignons
- 1 bouquet garni
- sel, poivre
- huile

Faites cuire les grains de blé dans trois fois leur volume d'eau salée, avec le bouquet garni.

Pendant ce temps, nettoyez les champignons, laissez-les entiers s'ils sont petits. S'ils sont gros, coupez-les en lamelles. Faites-les blondir dans un peu d'huile, avec sel et poivre.

Videz les poivrons de leurs graines, coupez-les en lanières, faites-les revenir à l'huile avec les oignons pelés et émincés. Lorsqu'ils ramollissent, ajoutez les tomates coupées en morceaux. Salez, poivrez, laissez mijoter à feu doux 10 minutes. Mettez les champignons, puis le blé cuit, dont vous aurez retiré le bouquet garni. Mélangez bien et laissez encore 5 minutes sur le feu avant de servir.

Blé aux légumes

- 300 g de blé entier
- 1 kg de poireaux
- 5 à 6 carottes
- 2 beaux oignons
- 1 clou de girofle
- 2 navets
- 1 bouquet garni
- sel
- poivre en grains
- huile d'olive

Nettoyez les légumes. Coupez les poireaux en deux, les carottes en quatre dans le sens de la longueur, les navets en quartiers s'ils sont gros; laissez les oignons entiers.

Dans une grande cocotte, mettez le blé recouvert de trois fois son volume d'eau, salez, mettez le bouquet garni et quelques grains de poivre, ajoutez tous les légumes. Piquez le clou de girofle dans l'un des oignons. Couvrez et laissez cuire 1 heure environ à feu moyen. Arrosez d'huile d'olive au moment de servir.

Couscous rapide à la marocaine

LÉGUMES

- 1 tomate
- 3 carottes
- 2 navets
- 2 fonds d'artichauts
- 4 ou 5 côtes de blettes
- 1/2 chou blanc ou rouge
- 2 oignons
- 3 gousses d'ail
- 1 petite branche de céleri
- 500 g de courge environ
- 3 courgettes
- 1/2 boîte de pois chiches au naturel
- sel, poivre
- cumin en poudre
- 3 clous de girofle
- 1 à 2 feuilles de laurier
- paprika
- haz el hanout ou «4 épices»
- huile (d'olive, de préférence)

Nettoyez tous les légumes. Émincez les oignons. Coupez les carottes en deux et les côtes de blettes en gros morceaux.

Dans une grande cocotte, faites revenir les oignons avec un peu d'huile. Dès qu'ils blondissent, ajoutez la tomate, les carottes, les navets, les côtes de blettes, les fonds d'artichauts coupés en deux, et les gousses d'ail. Mettez aussi le chou blanc. Si vous avez choisi un chou rouge, faites-le cuire d'abord 15 minutes à part, afin qu'il rende le jus coloré que vous jetterez (sinon, la sauce des légumes sera noire!). Versez environ 2 l d'eau et laissez cuire à feu moyen.

Au bout de 1 heure de cuisson, ajoutez les courgettes coupées en deux, la courge, le laurier, le sel et toutes les épices. Mettez le contenu de la boîte de pois chiches.

101 / Céréales - Blé

Si vous préférez, vous pouvez faire cuire vous-même les pois chiches en les préparant suffisamment longtemps à l'avance.

Goûtez la sauce : elle doit être bien salée et le goût du cumin doit dominer.

Préparez la semoule et les divers accompagnements.

SEMOULE
- 500 g de couscous précuit
- 60 g de beurre
- sel, cumin

Mettez le couscous dans un grand saladier ou un plat en terre avec le sel, le cumin et le beurre. Versez dessus le bouillon de légumes brûlant jusqu'à le recouvrir d'à peu près 1 cm. Couvrez et laissez gonfler 15 minutes.

SAUCE MAROCAINE
- 2 gros oignons
- 1 verre d'huile
- paprika
- 1 sachet de safran

Émincez les oignons et faites-les revenir à l'huile chaude. Lorsqu'ils commencent à ramollir mais sont encore blancs, ajoutez du paprika et le safran délayé dans très peu de bouillon. Laissez cuire jusqu'à ce que les oignons soient bien dorés.

Sur la table, vous pouvez encore présenter, dans une saucière, une grosse poignée de raisins secs mis à gonfler dans du bouillon, et un petit bol avec une sauce piquante (harissa).

Couscous tunisien

POIS CHICHES
- 250 g de pois chiches
- 1 bouquet garni
- 2 clous de girofle

Faites tremper 12 heures à l'avance les pois chiches, puis faites-les cuire à l'eau salée avec les clous de girofle et le bouquet garni, durant 4 heures (ou 50 minutes à la cocotte-minute).

LÉGUMES

- 500 g de carottes
- 500 g de navets
- 500 g de courgettes
- 250 g de pommes de terre
- 500 g de tomates
- 2 poivrons
- 2 oignons
- 1/2 branche de céleri
- 3 gousses d'ail
- 1 boîte ou tube de harissa
- sel, poivre
- 50 g de beurre

Nettoyez et coupez en morceaux d'égale grosseur tous les légumes. Dans une cocotte, ou dans la partie basse du couscoussier, faites fondre le beurre et laissez revenir à feu doux tous les légumes sauf les courgettes, durant 25 minutes environ. Remuez de temps à autre. Salez, poivrez, ajoutez la harissa selon votre goût, mouillez avec 2 l d'eau bouillante. Laissez cuire 30 minutes puis ajoutez les courgettes et les pois chiches cuits et égouttés. Laissez la cuisson se terminer à feu doux.

SEMOULE

- 500 g de couscous
- 150 g de beurre
- sel

Une demi-heure environ avant la fin de la cuisson des légumes, versez le couscous dans un saladier. Arrosez-le à mi-hauteur d'eau froide salée et laissez gonfler 5 minutes, en mélangeant à la main pour qu'il s'imprègne d'eau également. Transvasez le couscous dans la passoire du couscoussier, posez celle-ci sur le récipient où mijotent les légumes et laissez cuire à la vapeur pendant 10 minutes.

Si vous ne disposez pas d'un couscoussier, mettez le couscous dans une passoire que vous aurez doublée de gaze en double épaisseur, afin que les grains ne passent pas à travers les trous. Posez la passoire sur la marmite où cuisent les légumes, en faisant bien attention que le fond ne touche pas l'eau. Au bout de 10 minutes, renversez la passoire dans un plat et égrenez le couscous à la fourchette. Remettez délicatement le couscous dans la passoire, posez celle-ci sur la marmite, comme précédemment, et laissez encore cuire 10 minutes. Recommencez à égrener le couscous dans un plat, et ajoutez le beurre par petits morceaux. Remettez-le dans la passoire, puis sur la marmite et laissez encore cuire 5 minutes avant de servir.

Présentez dans des plats différents le couscous et la sauce avec les légumes.

Gnocchis

- 500 g de semoule de blé moyenne
- 50 cl de lait
- 50 cl d'eau
- 50 g de beurre
- 200 g de gruyère râpé
- sel
- noix muscade

Faites bouillir ensemble l'eau, le lait, le beurre, le sel, une pincée de muscade. Dès l'ébullition, versez la semoule et laissez cuire 10 minutes en tournant sans arrêt.

Sortez la casserole du feu et ajoutez le gruyère râpé. Mélangez bien. Versez la semoule dans un moule peu profond et laissez-la refroidir.

Découpez des portions carrées ou rectangulaires, disposez-les dans un plat avec sur chacune un petit morceau de beurre et un peu de gruyère. Passez au four quelques minutes pour faire gratiner.

Servez ces gnocchis avec une salade bien assaisonnée ou mieux, avec du cresson à l'ail et de la sauce de soja.

«Halim» (INDE)

- 500 g de blé concassé
- 2 c. à s. de lentilles corail
- 2 c. à s. de haricots de soja (mung dâl)
- 2 c. à s. de pois chiches

Céréales - Blé / 104

- 250 g de petits pois frais écossés
- 2 aubergines
- 1/2 chou-fleur
- 2 poivrons
- 250 g d'oignons
- 200 g de gingembre frais
- 1 bâton de cannelle
- 2 cardamomes entières
- 1 c. à c. de curcuma
- sel, poivre ou piment
- huile
- 10 petits piments verts frais (facultatif)
- coriandre fraîche (facultatif)

Mettez à tremper séparément le blé, les lentilles, le soja, les pois chiches, durant 12 heures.

Faites-les bouillir, toujours séparément, dans leurs eaux de trempage respectives. Quand ils sont cuits, écrasez-les grossièrement tous ensemble.

Nettoyez tous les légumes, videz les poivrons de leurs graines. Émincez finement les oignons et le gingembre, coupez en minces rondelles les aubergines et les poivrons, séparez le chou-fleur en petits bouquets de taille égale.

Dans une cocotte, mettez à chauffer de l'huile dans laquelle vous faites revenir les oignons et le gingembre. Quand ils sont blonds, ajoutez le curcuma, le piment, les graines de cardamome, la cannelle et le sel. Laissez frire quelques instants et ajoutez les petits pois, que vous laissez à leur tour frire quelques minutes. Recouvrez d'eau et laissez cuire jusqu'à ce que les petits pois soient tendres. Mettez alors tous les autres légumes et laissez cuire 5 minutes. Ajoutez le mélange de blé et de légumes secs broyé et laissez cuire jusqu'à ce que le tout devienne épais et moelleux.

Servez parsemé de coriandre fraîche et de petits piments verts.

Semoule de blé dorée

pour 4 personnes

- 250 g de semoule
- 1 l d'eau
- 100 g de beurre
- 150 g de gruyère râpé
- sel, poivre

Dans l'eau bouillante, versez la semoule en pluie, salez, poivrez, ajoutez beurre et gruyère et laissez cuire 10 minutes en remuant constamment.

Versez la semoule dans un grand plat d'environ 3 cm de profondeur. Lorsqu'elle est refroidie, coupez-la en tranches de 3 à 5 cm de côté que vous ferez dorer à la poêle dans un peu de beurre.

Servez avec de la sauce tomate aux champignons ou avec une ratatouille.

Maïs et asperges au gratin

- 1 boîte de maïs doux (500 g)
- 1 boîte d'asperges (500 g)
- 100 g de gruyère râpé
- sauce béchamel
- sel, poivre
- beurre

Égouttez le maïs et les asperges.

Assaisonnez la sauce béchamel à votre goût et incorporez la moitié du fromage. Ajoutez le maïs, les asperges coupées en morceaux, mélangez bien et étalez dans un plat à gratin beurré.

Recouvrez avec le restant de gruyère râpé, parsemez de noisettes de beurre et faites gratiner à four moyen (th. 6) pendant 25 minutes.

Maïs au paprika

- 1 boîte de maïs doux (500 g)
- 1 kg de tomates
- 500 g d'oignons
- 100 g de raisins blonds secs
- 2 clous de girofle
- 2 feuilles de laurier
- sel, poivre, paprika
- piment fort (facultatif)
- huile

Mettez les raisins à tremper dans un bol d'eau tiède au moins 30 minutes à l'avance.

Émincez les oignons ; pelez les tomates et coupez-les en huit.

Dans une cocotte, faites revenir dans un peu d'huile les morceaux de tomates. Salez, poivrez, mettez le laurier, les clous de girofle et faites cuire à feu doux en tournant et en rajoutant de l'eau de temps à autre si nécessaire.

Par ailleurs, faites dorer dans une poêle avec de l'huile les oignons assaisonnés de poivre et de sel. Lorsqu'ils sont bien fondants, ajoutez-leur les raisins égouttés, laissez encore revenir quelques minutes et mélangez le tout à la sauce tomate. Ajoutez 1 bonne cuillère à soupe de paprika et, selon le goût, une pointe de piment. Incorporez le maïs égoutté en remuant doucement, laissez encore chauffer quelques minutes et servez.

Polenta au soja et aux olives

- 300 g de semoule de maïs
- 4 à 5 fois son volume d'eau
- 1 verre de sauce de soja
- 100 g d'olives noires
- poivre, sel (facultatif)
- basilic
- 1 gousse d'ail
- 1 oignon

Hachez l'ail, émincez finement l'oignon, dénoyautez et coupez en morceaux les olives.

Faites bouillir l'eau avec très peu de sel (la sauce de soja et les olives suffiront à saler la polenta). À l'ébullition, versez la semoule en pluie et tournez sans cesse avec une cuillère de bois, jusqu'à ce que toute l'eau soit absorbée et la polenta épaisse. Ajoutez alors la sauce de soja, les olives, l'oignon et l'ail, le poivre, le basilic et laissez cuire encore quelques minutes en mélangeant bien, jusqu'à ce que la polenta soit bien gonflée (les grains doivent rester détachés).

107 / **Céréales - Millet**

Millet aux courgettes

- 300 g de millet
- 4 à 6 courgettes
- 3 oignons
- 2 gousses d'ail
- 1 bouquet garni
- sel
- poivre
- romarin, serpolet
- huile d'olive
- quelques brins de persil

Faites cuire le millet dans deux fois son volume d'eau salée, avec le bouquet garni.

Pendant ce temps, lavez les courgettes, coupez-les en tout petits morceaux, avec leur peau.

Émincez les oignons, faites-les dorer dans un peu d'huile. Ajoutez l'ail finement coupé, les morceaux de courgettes; assaisonnez avec du sel, du poivre, du romarin, un peu de serpolet et laissez rissoler les courgettes à feu moyen, en rajoutant de l'huile au fur et à mesure si nécessaire.

Quand les courgettes sont cuites, ajoutez le millet, mélangez bien et parsemez de persil haché au moment de servir.

Millet à la tomate

- 300 g de millet
- 4 à 6 tomates
- 4 beaux oignons
- 1 bouquet garni
- 2 gousses d'ail
- sel
- poivre
- huile (d'olive de préférence)
- 50 g d'olives noires dénoyautées

Faites cuire le millet dans deux fois son volume d'eau salée, à feu doux et à couvert, jusqu'à ce que tout le liquide soit absorbé (20 à 25 minutes).

Pendant ce temps, émincez les oignons, faites-les blondir dans un peu d'huile. Ébouillantez et pelez les tomates, coupez-les en morceaux et ajoutez-les aux oignons. Salez, poivrez, mettez les gousses d'ail écrasées et le bouquet garni, laissez cuire à feu doux comme une sauce tomate.

Lorsque le millet est cuit, mélangez-le à la sauce, après avoir retiré de celle-ci le bouquet garni. Parsemez le plat d'olives noires au moment de servir.

Orge aux raisins (TURQUIE)

- 300 g d'orge mondé
- 4 poivrons rouges
- 50 g de pignons de pin
- 50 g d'amandes effilées
- 100 g de raisins blonds secs (ou 100 g de pruneaux)
- 1 petit bouquet de cerfeuil
- 3 g de safran
- 5 c. à s. d'huile (d'olive de préférence)

Mettez l'orge à tremper dans de l'eau froide durant 1 heure.

Mettez les raisins (ou les pruneaux) dans un bol d'eau tiède.

Égouttez l'orge, faites-le cuire dans une grande casserole avec deux fois et demie à trois fois son volume d'eau froide salée. Poivrez. Laisser bouillonner 45 minutes environ, jusqu'à ce que les grains soient bien tendres.

Pendant ce temps, videz les poivrons de leurs graines, coupez-les en lanières et faites-les revenir à la poêle dans un peu d'huile, jusqu'à ce qu'elles soient cuites.

Versez sur l'orge cuit l'huile de cuisson des poivrons dans laquelle vous aurez délayé le safran. Mélangez bien, ajoutez les lanières de poivrons, les raisins ou les pruneaux, les amandes et les pignons (légèrement revenus au beurre si vous le désirez). Servez ce plat chaud ou froid, décoré de quelques pignons et amandes, et parsemé de cerfeuil haché.

Bouillie de riz au soja («kitchri») (INDE)

- 200 g de riz
- 100 g de haricots de soja
- 25 à 30 g de beurre
- 1 c. à c. de gingembre frais haché
- 1 oignon
- 1 c. à c. de graines de carvi
- 1 c. à c. de coriandre en poudre
- 4 c. à c. de sel
- 2 piments «langue d'oiseau»

Le «Kitchri» est un mélange de riz et de soja, peu épicé et très digeste : en Inde, c'est un plat familial que l'on destine aux convalescents, aux enfants, à tous ceux qui ont le foie ou l'estomac fragile. Ne le préparez pas si vous avez des invités, car son aspect de bouillie le rend peu présentable...

Triez les grains de soja. Lavez et mettez à tremper séparément le riz et le soja : 20 minutes pour le riz, 40 minutes pour le soja si vous en avez le temps.

Dans une cocotte, faites fondre doucement 10 à 15 g de beurre et jetez-y la coriandre, les piments, les graines de carvi. Lorsque le mélange est fumant et un peu brun, versez-y le riz et les haricots de soja égouttés au préalable. Remuez plusieurs fois pour que les grains soient bien imprégnés de beurre et d'épices puis ajoutez 1 l d'eau très chaude. Couvrez et laissez cuire en veilleuse 1 h 30 environ. En cours de cuisson, vous pourrez rajouter par petites quantités la valeur de 50 cl d'eau chaude, au fur et à mesure que l'eau de cuisson est absorbée.

Pendant ce temps, émincez les oignons, hachez finement le gingembre et faites revenir le tout dans le restant de beurre, jusqu'à ce qu'ils prennent une teinte brun foncé. Au moment de servir, répandez oignon et gingembre frits sur le riz.

Pulao aux légumes (INDE)

- 400 g de riz
- 6 tomates
- 4 oignons
- 250 g de petits pois frais écossés
- 5 à 6 carottes
- 1 petit chou-fleur
- 250 g de haricots verts frais
- 8 petits piments verts
- 5 bâtons de cannelle
- 4 clous de girofle
- sel
- 100 à 150 g de beurre

Lavez rapidement le riz et laissez-le tremper 20 minutes. Pendant ce temps, nettoyez les légumes, émincez les oignons, séparez le chou-fleur en bouquets, coupez les carottes en rondelles, les tomates en tranches et les haricots verts en tronçons de 1 à 2 cm. Faites revenir tous les légumes ainsi coupés dans la moitié du beurre. Laissez-les en attente.

Dans une cocotte assez grande pour contenir le riz et les légumes, mettez à fondre le restant de beurre. Faites-y frire les clous de girofle, la cannelle, puis les piments fendus et les oignons. Lorsque les oignons fondent, ajoutez les tranches de tomates, laissez bien revenir puis ajoutez le riz égoutté. Tournez plusieurs fois et, quand le riz est bien chaud au toucher, versez de l'eau bouillante de façon qu'il soit recouvert d'au moins 5 cm. Salez. Couvrez et démarrez la cuisson à feu vif, puis baissez dès que l'ébullition a commencé. Quand le riz est aux trois quarts cuit, ajoutez les légumes rôtis; mélangez en remuant une seule fois pour ne pas briser les grains. Couvrez et terminez la cuisson au four (th. 4 à 5) pendant 30 minutes.

Pulao aux petits pois (INDE)

- 400 g de riz à grains longs
- 125 g de petits pois en boîte
- 3 beaux oignons
- 80 g de raisins blonds secs
- 1 poignée de cerneaux de noix
- 2 grosses graines de cardamome noires (ou 8 petites vertes)
- 1 c. à c. de curcuma
- 1 c. à s. de coriandre en poudre
- 1 à 2 petits piments secs «langue d'oiseau» (ou 1/2 c. à c. de piment en poudre)
- sel
- 50 g de beurre environ

Mettez les raisins à gonfler dans l'eau tiède.

Lavez rapidement le riz et laissez-le tremper 20 minutes à l'eau froide. Égouttez-le.

Dans une cocotte, faites fondre environ 15 g de beurre. Jetez-y les graines de cardamome légèrement fendues, le piment, le curcuma et la coriandre. Tournez et, dès que le mélange brunit, ajoutez le riz égoutté. Remuez pour que les grains soient imprégnés de beurre et prennent une belle teinte jaune. Couvrez le riz avec deux fois son volume d'eau bouillante. Salez. Dès que l'ébullition a commencé, couvrez et laissez frémir à feu doux 20 minutes environ, jusqu'à ce que toute l'eau soit absorbée.

Pendant ce temps, faites revenir les oignons émincés dans le restant de beurre. Retirez-les quand ils sont blonds.

Quelques minutes avant la fin de cuisson du riz, ajoutez les petits pois égouttés, les raisins, les oignons, les cerneaux de noix. Tournez 3 ou 4 fois avec une cuillère de bois pour bien mélanger, tout en faisant attention de ne pas briser les grains. Recouvrez et laissez encore 1 à 2 minutes avant de servir.

Variante

Si vous voulez éviter le beurre, vous mettrez directement le riz égoutté après trempage dans 2 fois son volume d'eau bouillante, avec toutes les épices. Laissez cuire à couvert et à petit feu et pour la suite, procédez comme dans la première recette.

Pulao royal aux fruits secs (INDE)

- 400 g de riz à grains longs
- 4 à 5 beaux oignons
- 100 g de cerneaux de noix
- 50 g d'amandes émondées
- 50 g de noix de cajou
- 50 g de raisins secs
- 1 poignée d'abricots secs
- 2 c. à s. de sucre
- 1 c. à c. de graines de carvi (ou de cumin)
- 1 bâton de cannelle de 5 à 6 cm
- 6 cardamomes entières
- sel
- 100 à 150 g de beurre (ou d'huile)

Mesurez le volume du riz. Lavez-le rapidement et mettez-le à tremper 20 minutes dans l'eau froide. Émincez les oignons. Effilez la moitié des amandes; laissez entières les autres. Mettez raisins secs et abricots à tremper dans un bol d'eau tiède. Hachez grossièrement les noix et les noix de cajou.

Faites fondre le beurre et mettez-y les oignons à revenir. Lorsqu'ils sont bruns, retirez-les et versez le sucre dans le beurre fondu. Laissez-le brunir et remettez alors les oignons avec la cannelle et les cardamomes dans lesquelles vous aurez pratiqué une petite fente, puis les graines de carvi. Laissez frire le tout quelques minutes et ajoutez les amandes effilées, les noix, les noix de cajou, les raisins et les abricots égouttés. Faites dorer quelques instants et ajoutez le riz bien égoutté. Salez. Remuez délicatement pour bien mélanger tous les ingrédients, mouillez le riz avec deux fois son volume d'eau bouillante. Dès que l'ébullition a repris, couvrez et laissez frémir jusqu'à ce que toute l'eau soit absorbée. Puis mettez le riz, toujours couvert, 10 minutes à four chaud pour le dessécher. Au moment de servir, parsemez d'oignons dorés et d'amandes entières.

«Risotto» aux légumes

- 400 g de riz à grains longs
- 500 g de tomates
- 500 g de courgettes
- 250 g de petits pois frais
- 150 g de haricots verts
- 1 petite boîte de fonds d'artichauts
- 2 à 3 oignons
- sel, poivre
- huile

Nettoyez tous les légumes. Émincez finement les oignons, coupez les courgettes en dés. Ébouillantez les tomates pour les peler. Faites chauffer un peu d'huile dans une cocotte et mettez-y à revenir les oignons, les petits pois écossés et les courgettes. Laissez cuire à l'étouffée 10 minutes, en ajoutant très peu d'eau si nécessaire.

Lavez rapidement le riz, faites-le tremper 20 minutes dans l'eau froide et égouttez-le.

Pendant ce temps, faites bouillir les haricots 10 minutes à l'eau salée. Égouttez-les, ajoutez-les aux autres légumes. Ajoutez aussi les tomates coupées en petits morceaux. Laissez cuire à feu doux 20 minutes environ. Mettez le riz égoutté, mouillez-le avec un peu moins de deux fois son volume d'eau bouillante — ou mieux, de bouillon de légumes. Salez, poivrez. Couvrez et laissez cuire à petit feu jusqu'à ce que l'eau soit absorbée. Ajoutez alors les fonds d'artichauts coupés en quatre et laissez 1 ou 2 minutes sur le feu avant de servir.

Riz à l'afghane («Qaubili Palao»)

- 400 g de riz à grains longs
- 1 kg de carottes
- cannelle, girofle, cardamome, cumin (en quantités égales : 3/4 c. à c. de chaque épice en poudre ou fraîchement pilée)
- 100 g de raisins de Corinthe
- 2 c. à s. rases de sucre en poudre
- 1 c. à s. (ou plus) de sel
- poivre
- 3 g de safran
- 1 gros oignon
- 130 g de beurre

Émincez l'oignon, faites-le revenir dans 20 g de beurre, puis mettez-le de côté.

Pelez les carottes, coupez-les en julienne, mettez-les à revenir dans la poêle avec environ 50 g de beurre. Salez légèrement, poivrez, saupoudrez de sucre. Laissez cuire jusqu'à ce qu'elles ne soient plus dures et qu'elles aient pris une belle teinte brun-doré, un peu comme du caramel, en rajoutant un peu de beurre en cours de cuisson et, éventuellement, très peu d'eau.

Mettez à part les carottes et le beurre de cuisson.

Dans la même poêle, faites fondre 15 g de beurre et mettez-y les raisins jusqu'à ce qu'ils soient gonflés et légèrement dorés. Retirez-les.

Faites chauffer 30 g de beurre dans une cocotte, jetez-y le mélange des quatre épices et, avant qu'il ne noircisse, ajoutez le riz. Tournez pour que les grains soient également imprégnés de gras et d'épices. Couvrez avec deux fois et demie le volume d'eau bouillante (ou très chaude). Ajoutez le safran délayé dans 1 cuillerée d'eau. Laissez prendre l'ébullition puis couvrez et laissez cuire à petit feu jusqu'à ce que toute l'eau soit absorbée.

Quelques minutes avant la fin de la cuisson, ajoutez au riz le beurre de cuisson des carottes, les oignons, la moitié des raisins et la moitié des carottes. Mélangez en tournant une ou deux fois (pas plus pour ne pas briser les grains) avec une cuillère en bois. Au moment de servir, recouvrez le dessus du riz avec le restant de raisins et de carottes.

Au dernier moment, vous pouvez ajoutez sur le riz quelques pistaches décortiquées, ou des amandes.

Riz doux aux aubergines (INDE)

- 3 aubergines
- 400 g de riz
- 1 c. à s. de graines de moutarde noire
- 2 bâtons de cannelle (5-6 cm de long)
- 2 oignons
- 3 clous de girofle
- 4 cardamomes entières
- sel, poivre (ou 1 petit piment rouge sec)
- huile et beurre

Lavez le riz rapidement. Laissez-le tremper 20 minutes, puis égouttez-le.

Lavez et essuyez les aubergines. Coupez-les en minces rondelles avec leur peau. Faites-les frire dans l'huile jusqu'à ce qu'elles soient cuites.

Émincez les oignons et faites-les dorer dans un peu d'huile.

Faites fondre une toute petite noix de beurre, jetez-y les graines de moutarde. Quand elles ont fini d'éclater, ajoutez les autres épices et le piment, puis le riz égoutté. Remuez délicatement. Quand tous les grains sont imprégnés, couvrez le riz de deux fois son volume d'eau bouillante. Salez. Couvrez. Laissez cuire doucement 20 minutes. Quand toute l'eau est absorbée, recouvrez le riz avec les oignons et les tranches d'aubergines. Laissez encore 1 ou 2 minutes pour réchauffer celles-ci et servez.

Riz aux carottes fondantes

pour 6 personnes

- 300 g de riz blanc
- 1 kg de carottes
- 500 g d'oignons
- 3 gousses d'ail
- 4 à 5 clous de girofle
- 3 à 4 c. à c. de curry (ou 2 c. à c. de curry et 2 c. à c. de curcuma)
- 1 à 2 piments «langue d'oiseau» (facultatif)
- 1 yaourt (ou 12 cl de crème fraîche liquide)
- 1 verre de vin blanc sec
- huile
- sel, poivre
- herbes de Provence

Mettez le riz à cuire dans deux fois et demie son volume d'eau salée, avec un oignon piqué de 2 clous de girofle.

Nettoyez et râpez les carottes assez finement, émincez les oignons.

Dans une cocotte, faites revenir les oignons dans de l'huile, avec l'ail haché, les herbes de Provence, un peu de sel et de poivre, le piment. Quand les oignons sont un peu ramollis, ajoutez les carottes râpées, mouillez avec le vin blanc et laissez cuire à l'étouffée environ 30 minutes. Cinq minutes avant la fin de cuisson, ajoutez le curry.

Au moment de servir, versez le yaourt sur les carottes, mélangez bien. Présentez le riz en couronne sur un plat rond (à l'aide d'un moule à savarin par exemple) en remplissant le centre avec les carottes.

Riz aux haricots rouges (HAITI)

- 300 g de riz à grains longs
- 200 g de haricots rouges secs
- 250 g de champignons
- 3 oignons
- 2 gousses d'ail
- 3 brins de persil
- 2 petits piments «langue d'oiseau»
- gros sel
- huile

Dans une casserole, mettez à cuire à feu vif les haricots rouges avec environ dix fois leur volume d'eau. Ne couvrez pas, pour que l'eau s'évapore et diminue de moitié ou plus. Lorsque les haricots commencent à crever, égouttez-les en conservant l'eau de cuisson, qui a pris une belle couleur rouge. Faites chauffer de l'huile dans une cocotte et mettez-y à revenir les oignons émincés, puis les champignons. Ajoutez les haricots.

Pilez ensemble l'ail, le persil, le gros sel, le piment et mettez cette pâte dans les haricots que vous laisserez frire un moment.

Prenez l'eau de cuisson des haricots, mesurez la quantité nécessaire en proportion du riz à cuire (deux fois le volume, ou un peu plus si vous désirez un riz très moelleux). Versez-la sur les haricots frits. Dès qu'elle bout, jetez-y le riz que vous aurez lavé rapidement auparavant. Donnez un ou deux tours de cuillère pour mélanger riz et haricots, en faisant attention de ne pas briser les grains. Dès la reprise de l'ébullition, couvrez et laissez cuire à petit feu pendant 30 minutes.

Riz à la noix de coco (INDE)

- 400 g de riz à grains longs
- 1 noix de coco fraîche
- 2 beaux oignons
- 40 g de beurre
- 2 clous de girofle
- 2 cardamomes entières
- 2 bâtons de cannelle
- sel

Lavez rapidement le riz puis faites-le tremper 15 minutes dans l'eau froide.

Pendant ce temps, ouvrez la noix de coco, râpez la chair et préparez le lait de coco selon la méthode p. 250. Plus le lait sera épais, meilleur sera le riz.

Mesurez le volume de lait de coco obtenu et, au besoin, ajoutez un peu d'eau de manière à avoir deux fois le volume du riz. Faites chauffer le liquide dans une casserole.

Émincez les oignons, faites-les revenir dans le beurre, dans une grande cocotte. Dès qu'ils commencent à dorer, mettez les clous de girofle, la cannelle et les cardamomes fendues. Laissez frire

1 minute puis mettez le riz bien égoutté dans la cocotte et tournez délicatement pour que tous les grains s'imprègnent de beurre. Versez le lait de coco bien chaud, salez, couvrez et laissez cuire à petits bouillons jusqu'à ce que tout le liquide soit absorbé.

Ce riz est délicieux accompagné d'un curry de légumes.

Riz au soja

pour 4 personnes
- 250 g de riz
- 50 g de soja non décortiqué
- 2 oignons
- 3 tomates
- 2 poivrons
- 2 aubergines
- 3 c. à s. d'huile
- sel, poivre, curry, thym, romarin, quelques brins de persil

Mettez le soja à tremper pendant 12 heures.

Faites cuire séparément le riz et le soja, laissez-les en attente.

Pendant ce temps, nettoyez les légumes, émincez les oignons, coupez les poivrons en lanières, les tomates et les aubergines en morceaux. Faites revenir le tout dans une grande casserole avec l'huile de votre choix. Salez, ajoutez herbes et épices, laissez mijoter 20 minutes puis ajoutez le riz et le soja. Mélangez bien et servez saupoudré de persil finement haché.

Tian au potiron (PROVENCE)

- 1 kg de potiron
- 200 g de riz à grains longs
- 2 beaux oignons
- 80 g de beurre
- 100 g de fromage râpé
- 10 cl de lait
- sel, poivre
- 1 clou de girofle

Céréales - Sarrasin / 118

En Provence, le «tian» est un plat de terre creux allant au four. Le nom s'est étendu à divers mets préparés dans ce plat.

Épluchez le potiron, enlevez ses graines et coupez-le en morceaux. Mettez-le dans le lait coupé de 10 cl d'eau bouillante, avec 1 oignon piqué du clou du girofle. Salez, poivrez.

Pendant ce temps faites cuire le riz à l'eau salée.

Faites revenir l'oignon restant, très finement coupé, dans un peu de beurre.

Lorsque le potiron est cuit (il doit être moelleux et il ne doit presque plus rester de liquide dans la casserole), mélangez-le avec riz, oignon et la moitié du fromage râpé. Étalez le tout dans un plat à gratin (si vous n'avez pas de plat en terre), parsemez de noisettes de beurre et du restant de fromage.

Faites gratiner à four chaud (th. 7) 15 à 20 minutes.

Variante

Tian aux courgettes

Procédez comme pour le «tian au potiron», en remplaçant le potiron par 8 belles courgettes que vous choisirez fermes et brillantes.

Sarrasin

Souvent délaissé, le sarrasin est cependant une céréale très nutritive : très riche en calcium (plus encore que le blé), elle contient également beaucoup de phosphore, de magnésium, de fer et de fluor, et des acides aminés que l'on croyait n'exister que dans les protéines animales (lysine, argirine, histidine, cystine, tryptophane et syntonine). Il a en outre la propriété de ne pas encrasser l'organisme, même si on en consomme en grande quantité.

Cuisson à l'eau

Mesurez deux à trois fois son volume d'eau. Faites chauffer l'eau salée et, dès l'ébullition, jettez-y le sarrasin. Remuez une ou deux fois pour que les grains ne s'agglutinent pas. À la reprise de l'ébullition, baissez et laissez cuire à feu doux, à couvert, jusqu'à ce que l'eau soit absorbée (environ 20 minutes).

Cuisson au gras

Faites revenir très légèrement le sarrasin dans du beurre fondu ou de l'huile. Lorsque les grains sont bien imprégnés, recouvrez-le de deux fois son volume d'eau très chaude et salée. Couvrez et laissez cuire à feu doux, comme précédemment, jusqu'à ce que toute l'eau soit absorbée.

Le sarrasin gonfle beaucoup.

Kasha aux champignons et aux olives

- 300 g de kasha
- 500 g de champignons de Paris
- 250 g d'olives noires
- 300 g d'oignons
- sel
- poivre
- thym et romarin
- huile
- 1 gousse d'ail (facultatif)

Faites cuire la kasha dans deux fois son volume d'eau salée, avec thym et romarin.

Pendant ce temps, dénoyautez les olives, émincez les oignons et les champignons.

Mettez les oignons à revenir dans un peu d'huile, puis les champignons avec l'ail écrasé ou haché et, dès que les champignons dorent, ajoutez les olives. Salez, poivrez, faites revenir le tout quelques minutes. Lorsque la kasha est cuite, retirez le thym et le romarin, versez-la dans la casserole et mélangez bien. Vérifiez l'assaisonnement et laissez encore revenir tout ensemble 5 à 10 minutes.

Kasha surprise

- 150 g de kasha (facultatif : 3 fois son volume de lait)
- 500 g de pommes de terre
- 15 cl de lait
- 30 g de beurre
- sel, poivre
- sauce aux carottes (recette p. 183)
- 125 g de haricots en boîte (ou 150 g de haricots verts frais cuits)

Préparez la sauce aux carottes.

Faites cuire séparément la kasha à l'eau salée ou au lait, selon la recette ci-dessus.

Faites bouillir les pommes de terre et réduisez-les en purée, à laquelle vous incorporez le lait et un peu de beurre.

Mélangez à la purée la sauce aux carottes et les haricots verts. Dans un plat assez profond, alternez les couches de sarrasin et les couches de purée, en terminant par une couche de purée. Servez bien chaud.

Sarrasin au lait

- 300 g de kasha
- 3 fois son volume de lait
- 50 g de beurre
- 1 c. à s. de crème fraîche
- 80 g de fromage râpé (facultatif)
- sel
- poivre

Dans une grande casserole, faites chauffer le lait. Dès l'ébullition, versez-y les grains de kasha. Salez légèrement, en remuant de temps à autre avec une fourchette pour détacher les grains et mélanger la crème de lait qui forme une pellicule épaisse à la surface. Au bout de 20 minutes, poivrez, ajoutez le beurre et laissez encore 1 à 2 minutes sur le feu, sans recouvrir, de façon que le liquide restant s'évapore.

Hors du feu, incorporez avant de servir la crème fraîche et le fromage râpé.

Céréales - Sarrasin

Remarque

Vous pouvez utiliser ce mode de cuisson, en remplaçant l'eau par le lait, dans presque toutes les préparations à base de sarrasin : vous aurez ainsi un plat beaucoup plus nourrissant et plus onctueux.

Légumes secs

Cassoulet aux olives

- 250 g de flageolets secs
- 250 g de champignons de Paris (ou de cèpes, ou de morilles)
- 3 carottes
- 1 beau navet
- 2 oignons
- 4 pommes de terre moyennes
- 1 poireau
- 100 g d'olives noires dénoyautées
- 1 gousse d'ail
- 1 bouquet garni
- 1 brin d'estragon (facultatif)
- 1 clou de girofle
- sel, poivre
- huile

Faites tremper les haricots la veille dans de l'eau froide. Le lendemain, faites-les blanchir quelques minutes et égouttez-les.

Nettoyez tous les légumes, émincez les oignons, coupez les carottes en rondelles pas trop minces, le navet, les pommes de terre, le poireau en morceaux. Hachez la gousse d'ail. Coupez les champignons s'ils sont gros.

Dans une cocotte, faites revenir à l'huile, séparément, les oignons, les carottes, les pommes de terre, le navet, les champignons.

Lorsque tous les légumes sont revenus, remettez-les ensemble, sauf les pommes de terre. Mettez les haricots, ajoutez le bouquet garni, l'estragon, le clou de girofle, les morceaux de poireau, l'ail haché, les olives noires. Salez, poivrez. Mouillez d'eau jusqu'à hauteur, couvrez et laissez cuire à feu doux 2 heures environ, en rajoutant un peu d'eau de temps à autre si nécessaire.

45 minutes avant la fin de la cuisson, rajoutez les pommes de terre.

Haricots aigres-doux

- 500 g de haricots blancs secs
- 50 g de sucre
- 2 c. à s. de sel
- 1 bâton de cannelle
- 1 c. à s. de miel
- 1/2 verre de vinaigre (de cidre si possible)

Laissez tremper les haricots 10 heures. Faites-les cuire dans 1 l d'eau durant 30 minutes à petits bouillons. Ajoutez tous les autres ingrédients, mélangez bien. Remuez de temps à autre et laissez la cuisson se poursuivre à feu doux et à découvert, jusqu'à ce que les haricots soient tendres. Servez très chaud.

Haricots blancs à la crème

pour 6 personnes

- 500 g de haricots blancs secs
- 500 g de potiron
- 100 g de beurre
- 3 oignons
- 2 poivrons
- 100 g de gruyère râpé
- 2 c. à s. de crème fraîche
- sel, poivre
- 10 cl de béchamel

Faites tremper les haricots quelques heures dans l'eau froide. Cuisez-les à part et laissez-les en attente.

Dans une casserole, faites fondre une belle noix de beurre et mettez-y le potiron coupé en morceaux. Laissez-le cuire sans eau, à feu très doux et à couvert, puis passez-le à la moulinette et laissez-le en attente.

Dans une autre casserole, faites revenir les oignons et les poivrons coupés menu. Salez, poivrez, ajoutez la purée de potiron, la béchamel, la crème, les haricots blancs. Mélangez bien, versez le tout dans un plat à gratin, recouvrez de gruyère râpé. Laissez gratiner au four 15 minutes environ.

Haricots rouges au piment

- 500 g de haricots rouges secs
- 4 tomates
- 3 beaux oignons
- 1 gousse d'ail
- 20 g de beurre
- 1 c. à s. de sucre roux
- 1 c. à c. de moutarde forte
- 1/2 à 1 c. à c. de piment rouge en poudre (ou de piments « langue d'oiseau » broyés)
- sel

Faites cuire les haricots à l'avance dans de l'eau salée.

Épluchez l'oignon et l'ail; pelez les tomates.

Faites revenir dans le beurre les oignons émincés et l'ail haché; quand ils sont tendres, ajoutez les tomates coupées en tout petits morceaux. Assaisonnez avec le sucre, le sel, la moutarde et le piment broyé, puis laissez cuire environ 20 minutes, jusqu'à ce que le mélange soit onctueux.

Jetez-y les haricots rouges et laissez encore mijoter à feu doux de 10 à 15 minutes.

Dâls - Lentilles

En Inde, on désigne sous le nom de « dâl » diverses variétés de lentilles — plusieurs dizaines — dont quelques-unes seulement peuvent se trouver dans nos pays. Parmi celles-ci :

— mung dâls ou « haricots de soja » décortiqués, de couleur jaune ou blanc crème;

— masur dâls, de couleur rose saumon; elles sont vendues sous le nom de « lentilles corail » ;

— il y a également les lentilles vertes et les pois cassés, connus dans notre cuisine...

Préparées sous forme de purée plus ou moins liquide, relevées par des épices, les dâls se mangent avec du riz, des galettes de blé, des légumes.

Conseils pour la cuisson

• Vous pouvez les préparer la veille, elles sont encore meilleures réchauffées.

• Pour le beurre, nous laissons une marge importante (de 50 à 100 g par exemple). Vous pouvez limiter la quantité (ou remplacer le beurre par de l'huile) mais les vraies dâls doivent être très onctueuses et un peu de beurre fondu nage souvent à la surface...

• Ne mettez pas trop d'eau à la fois. Il vaut mieux en rajouter au fur et à mesure. Ne laissez pas non plus les lentilles manquer de liquide, sinon elles vont s'agglutiner et former des sortes de boules...

• Elles doivent bouillir à bons bouillons pour être brassées dans l'eau. Mais attention, ni trop fort (elles ne doivent pas sauter en l'air ni vous éclabousser) ni trop doucement (sinon elles stagnent au fond de la casserole).

• En début de cuisson, une écume épaisse se forme souvent à la surface, vous pouvez la résorber en remuant doucement, ou bien l'ôter avec une écumoire s'il y en a vraiment beaucoup : mais laissez-en un peu, cela donne du moelleux...

Dâls jaunes à la noix de coco (BENGALE)

- 150 g de dâls jaunes (haricots de soja)
- 1 c. à c. de curcuma
- 1/2 à 1 c. à c. de gingembre en poudre
- 1 1/2 c. à c. de sel
- 2 morceaux de sucre
- 6 c. à s. de noix de coco râpée
- 50 à 100 g de beurre
- 3 feuilles de laurier
- 2 piments secs «langue d'oiseau»
- Facultatif :
- 5 à 10 g de gingembre frais
- 2 gousses d'ail
- 3 oignons

Faites griller les lentilles à sec dans une poêle, en remuant sans cesse pour qu'elles ne brûlent pas. Lorsque certains grains commencent à noircir, mettez-les à bouillir dans 75 cl d'eau avec le sel, le sucre, le curcuma, la poudre de gingembre. Laissez bouillir à feu moyen durant 45 minutes environ, en rajou-

tant de l'eau en cours de cuisson si nécessaire. Le[s ...]
cuites quand elles sont éclatées et forment une so[...]
le cœur ne doit pas rester dur sous la pression des do[...]
alors la noix de coco en pluie tout en tournant, puis e[...]
feu après quelques secondes.

Dans une sauteuse ou une cocotte, faites fondre le beurre à feu doux. Mettez-y à frire le laurier et les piments puis, éventuellement, l'ail et le gingembre hachés, les oignons que vous aurez fait dorer auparavant. Laissez noircir un peu et versez lentement les lentilles. Faites mijoter à feu très doux de 5 à 10 minutes et servez.

Dâls jaunes aux tomates (INDE)

- 150 g de dâls jaunes (haricots de soja)
- 2 morceaux de sucre
- 2 c. à c. rases de gros sel
- 1 c. à c. de curcuma
- 1/3 à 1/2 c. à c. de piment doux en poudre
- 5 à 6 tomates moyennes
- 2 feuilles de laurier
- 2 gousses d'ail
- 5 g de gingembre frais
- 2 oignons
- 50 à 100 g de beurre

Triez les lentilles, lavez-les. Mettez-les dans environ 75 cl d'eau tiède ou froide avec le sel, le sucre, le curcuma, le piment, les tomates pelées et coupées en petits morceaux. Portez à ébullition. Rajoutez de l'eau bouillante au fur et à mesure si le mélange devient trop épais ou collant et que les dâls s'agglutinent. À titre indicatif, on rajoute environ 25 cl d'eau après 30 minutes de cuisson, et encore 25 cl au bout de 45 minutes. La cuisson dure à peu près 1 heure. Mais certaines qualités de dâl demandent plus ou moins d'eau et se réduisent en purée plus ou moins vite...

Pendant ce temps, émincez et faites dorer les oignons dans un peu d'huile.

Quand les dâls sont cuites, faites fondre le beurre dans une cocotte, et mettez à revenir le laurier, l'ail et le gingembre finement hachés. Après 2 à 3 minutes, rajoutez les oignons, puis versez les dâls encore chaudes avec précaution pour ne pas être éclaboussé. Laissez mijoter à feu doux quelques minutes encore en tournant de temps en temps avec une cuillère de bois.

Dâls jaunes aux tomates « version régime »

À l'intention de ceux qui ne peuvent consommer trop de beurre, voici la même recette adaptée :

- 150 g de dâls jaunes
- 2 morceaux de sucre
- 2 c. à c. rases de gros sel
- 1 c. à c. de curcuma
- 2 gousses d'ail
- 1 bonne pincée de gingembre en poudre
- 5 à 6 tomates moyennes
- 1/3 à 1/2 c. à c. de piment doux en poudre

Triez, lavez les lentilles, faites-les cuire comme dans la recette précédente, en ajoutant en plus dans l'eau de cuisson la pincée de gingembre et les gousses d'ail coupées en quatre. Arrêtez la cuisson lorsque les lentilles sont réduites en purée.

C'est un peu moins fondant, un peu moins traditionnel, mais légèrement plus simple, plus rapide et... très savoureux malgré tout !

Dâls roses au cumin (INDE)

- 150 g de dâls roses ou « lentilles corail »
- 2 morceaux de sucre
- 1 ou 2 petits piments verts frais (ou 2 à 3 piments rouges secs)
- 1 c. à s. de sel
- 1 c. à s. de curcuma
- 3 feuilles de laurier
- 1 c. à s. de graines de cumin
- 1 c. à s. de graines de carvi
- 1 c. à s. d'huile d'arachide
- 50 à 100 g de beurre

Triez les lentilles, mettez-les à bouillir avec le piment vert, le sel, le sucre, le curcuma, jusqu'à ce qu'elles soient en purée (de 30 minutes à 1 heure selon la qualité des lentilles).

Faites alors chauffer dans une cocotte ou une sauteuse l'huile et le beurre coupé en morceaux ; dès que le beurre a fondu et commence à frémir, faites-y revenir le laurier, les graines de cumin et de carvi. Si vous n'avez pu trouver de piments verts, mettez aussi les piments secs. Dès que le mélange est un peu brun, versez-y les lentilles. Laissez mijoter à feu doux pendant quelques minutes en remuant de temps en temps avec une cuillère de bois.

Soja aux épinards

- 1 kg d'épinards
- 150 g de dâls jaunes «mung» (haricots de soja)
- 1 oignon
- 1 c. à c. de curcuma
- 1 c. à c. de graines de carvi
- 1 petit morceau de gingembre frais
- 2 c. à s. d'huile
- sel et piment

Hachez l'oignon, émincez le gingembre après les avoir épluchés.

Triez et lavez les grains de soja, mettez-les à cuire dans environ 75 cl d'eau salée. Ajoutez le curcuma et du piment.

Pendant ce temps, lavez les épinards, coupez-les grossièrement. Faites-les blanchir à l'eau bouillante puis passez-les à la moulinette pour les réduire en purée.

Lorsque les grains de soja sont à demi-cuits (au bout d'environ 30 minutes), ajoutez la purée d'épinards et terminez la cuisson à feu doux en rajoutant un peu d'eau bouillante de temps à autre si nécessaire. Attention : versez l'eau par petites quantités ; le soja cuit doit former une purée épaisse.

Faites chauffer l'huile et mettez-y à dorer l'oignon et le gingembre, puis les graines de carvi. Laissez frire un moment puis versez cette préparation sur le soja aux épinards et mélangez bien avant de servir.

Lentilles aux carottes

à préparer la veille

- 300 g de lentilles vertes du Puy
- 1 kg de carottes
- 500 g d'oignons
- sel, poivre
- 1 bouquet garni
- 1 clou de girofle
- 1 toute petite branche de céleri
- huile et beurre

Faites tremper les lentilles la veille dans de l'eau froide, après les avoir triées.

Le lendemain, mettez les lentilles égouttées dans une cocotte, recouvrez-les largement d'eau froide et mettez-les à cuire avec le bouquet garni et un oignon piqué de clou de girofle. Salez, poivrez. Couvrez et, dès l'ébullition, laissez cuire à petit feu.

Pendant ce temps, épluchez les légumes. Émincez les oignons et coupez les carottes en rondelles. Faites-les dorer dans un peu de beurre et d'huile mélangés. Au bout de 30 minutes, ajoutez les carottes et les oignons aux lentilles. Mettez aussi la branche de céleri. Laissez cuire à feu doux jusqu'à évaporation de l'eau.

Pois cassés aux aromates

- 300 g de pois cassés
- 1 pincée de bicarbonate de soude
- 1 branche de thym
- 1 branche de romarin
- sel, poivre
- quelques gousses d'ail (selon le goût)

Lavez les pois cassés, à grande eau, laissez-les tremper 12 heures avec le bicarbonate.

Égouttez-les, mettez-les à cuire à feu très doux, dans une casserole, largement recouverts d'eau froide, avec la pelure d'ail. Les pois sont cuits lorsqu'ils s'écrasent facilement. Si vous désirez ajouter des légumes, faites-le 1 h 15 avant la fin de la cuisson. Une demi-heure avant de retirer du feu, jetez thym, romarin, sel, poivre, ail.

Vous pouvez préparer les haricots secs de la même manière.

Pois chiches à la mode du Penjab (« Chole »)

- 400 g de pois chiches
- 2 beaux oignons
- 2 pommes de terre
- 2 tomates
- 1 c. à s. de cumin en poudre
- 1 c. à s. de coriandre en poudre
- 1 c. à s. de garam masala (voir p. 249)
- 1 c. à s. de poudre de mangue (facultatif)
- 2 c. à s. de piment en poudre
- 1/2 c. à c. de poivre noir moulu

- 1/2 c. à c. de bicarbonate de soude
- sel
- 40 à 50 g de beurre
- 2 oignons
- 1 citron

Laissez tremper les pois chiches assez longtemps pour qu'ils ramollissent. Faites-les cuire séparément à l'eau salée, avec le bicarbonate de soude.

Pendant ce temps, épluchez tomates et pommes de terre, coupez-les en morceaux. Émincez les oignons. Dans une cocotte, faites sauter les pommes de terre dans le beurre. Retirez-les lorsqu'elles sont cuites et faites blondir les oignons. Ajoutez alors la coriandre, le cumin, le piment, laissez frire quelques instants et ajoutez les pois chiches cuits et égouttés. Au bout de 5 minutes, ajoutez le garam masala, le poivre et la poudre de mangue. Remuez bien. Lorsque les pois chiches sont imprégnés d'épices, rajoutez les pommes de terre, les tomates et laissez mijoter encore 5 minutes.

Servez ces pois chiches au goût très relevé accompagnés d'oignon cru émincé et, pour ceux qui le désirent, d'un peu de jus de citron.

Pois chiches à la noix de coco (INDE)

à préparer la veille

- 500 g de pois chiches
- 80 à 100 g de noix de coco râpée
- 1 citron
- 1 c. à c. de curcuma
- 1/2 c. à c. de cumin en poudre
- sel
- 1 petit piment sec « langue d'oiseau »
- 1 c. à c. de graines de carvi
- 50 g de beurre environ

Laissez tremper les pois chiches dans l'eau froide toute la nuit.

Égouttez-les. Mettez-les dans une cocotte avec quatre fois leur volume d'eau froide. Salez, ajoutez le curcuma et le cumin en poudre. Portez à ébullition et laissez cuire 3 heures environ, jusqu'à ce que les pois soient tendres. Ajoutez alors la noix de coco râpée, puis le jus du citron.

...s fondre le beurre dans une poêle et mettez-y à frire le ...nt et les graines de carvi. Dès que le mélange commence à noircir, versez-le sur les pois chiches. Mélangez bien et servez.

Croquettes de pois chiches

- 500 g de pois chiches cuits (ou 1 boîte de pois chiches au naturel de 500 g)
- 2 pommes de terre
- 1 botte de persil
- 1 oignon
- sel
- poivre
- huile

Faites cuire les pommes de terre à l'eau salée. Passez les pommes de terre et les pois chiches au moulin à légumes pour les réduire en purée. Dans un saladier, ajoutez à cette purée le persil et l'oignon hachés, salez, poivrez, mélangez bien. Formez des croquettes que vous faites frire dans un peu d'huile à la poêle, en les retournant pour qu'elles soient dorées de chaque côté.

Purée de pois chiches («Hoummos») (LIBAN)

à préparer la veille

- 500 g de pois chiches
- 1 c. à c. de bicarbonate de soude
- 1 verre d'huile de sésame
- 2 gousses d'ail
- 1 pincée de gros sel
- 2 citrons
- 24 olives noires
- 1 c. à s. de paprika
- quelques brins de persil

Lavez les pois chiches, laissez-les tremper 1 nuit avec la moitié du bicarbonate de soude.

Le lendemain, égouttez les pois, rincez-les encore et mettez-les dans une casserole avec beaucoup d'eau froide et le reste du bicarbonate. Laissez cuire 3 heures à feu doux. Laissez refroidir.

Pendant ce temps, épluchez l'ail, pilez-le dans un mortier avec le gros sel et incorporez peu à peu l'huile de sésame.

Passez les pois chiches au moulin à légumes et mettez la purée ainsi obtenue dans une terrine. Versez-y lentement le mélange d'ail et d'huile, sans cesser de tourner, puis ajoutez le jus de 1 citron. Assaisonnez, saupoudrez de paprika et de persil haché. Décorez le plat avec l'autre citron coupé en rondelles et les olives. Servez bien frais.

Légumes frais

Artichauts à l'andalouse (ESPAGNE)

- 20 petits artichauts (s'ils sont gros, coupez la tête en deux)
- 4 oranges
- 2 citrons
- 2 clous de girofle
- 1 bouquet de persil
- 2 gousses d'ail
- 10 graines de coriandre
- 2 ou 3 paquets de safran
- sel, poivre
- laurier
- 3 c. à s. d'huile (d'olive de préférence)
- farine (si nécessaire)

Nettoyez les artichauts. Retirez les feuilles vertes, de façon à ne laisser que les feuilles blanches du centre, que vous couperez tout près du cœur, pour former une sorte de godet. Arrosez les cœurs ainsi préparés avec quelques gouttes de jus de citron et laissez-les en attente dans un récipient en verre contenant de l'eau citronnée. Préparez oranges et citrons qui doivent être pelés au couteau et coupés en rondelles. Coupez grossièrement les gousses d'ail. Hachez le persil.

Dans une marmite à fond épais, disposez les cœurs d'artichauts. Salez, poivrez, parsemez d'ail, ajoutez l'huile, les rondelles d'oranges et de citrons, les graines de coriandre, le safran délayé dans un peu d'eau, une pointe de laurier... Recouvrez d'eau froide et laissez cuire à tout petit feu et à couvert 30 minutes environ. Vous vous assurerez que les artichauts sont cuits en les piquant légèrement avec une fourchette.

La sauce doit être onctueuse. Si elle est trop liquide, prélevez-en un peu dans un bol, délayez-y 1 cuillerée de farine ; remettez le contenu du bol dans la marmite et laissez cuire encore quelques instants.

Saupoudrez de persil haché avant de servir.

Vous pouvez déguster ce plat tel quel, ou froid, le lendemain (c'est ainsi que le préfèrent les amateurs !).

Aubergines au curcuma (INDE)

- 4 à 6 belles aubergines (1 par personne)
- sel
- curcuma
- huile de moutarde (ou autre)
- une pointe de piment

Coupez les aubergines en tranches minces dans le sens de la longueur, saupoudrez-les de curcuma et de sel. Faites-les revenir à la poêle dans l'huile assaisonnée d'une pointe de piment, jusqu'à ce qu'elles soient bien tendres. Servez avec du riz.

Gâteau d'aubergines au parmesan (ITALIE)

- 6 aubergines
- 1 sachet de champignons déshydratés
- 100 g de parmesan râpé
- sauce tomate
- sel
- poivre
- huile

Coupez les aubergines en fines tranches dans le sens de la longueur. Faites-les dorer à la poêle dans un peu d'huile. Salez, poivrez.

Préparez une bonne sauce tomate à laquelle vous ajouterez les champignons légèrement revenus.

Quand les aubergines sont cuites, disposez-les dans un plat à gratin rond de préférence, en alternant les couches d'aubergines et de sauce tomate. (Vous pouvez aussi les passer à la moulinette et mélanger la purée à la sauce.) Recouvrez de parsemân râpé et passez 15 minutes à four chaud.

Servez ce gâteau tel quel en entrée, ou pour accompagner un plat de pâtes ou de riz.

Brochettes végétariennes

pour 8 brochettes
- 8 tomates bien fermes, assez grosses
- 6 poivrons
- 6 gros oignons
- 40 têtes de champignons de Paris (les queues serviront pour une soupe ou une salade)
- sel, poivre
- huile (olive de préférence)
- vin blanc sec (facultatif)

Lavez tous les légumes. Coupez les tomates en quatre. Videz les poivrons, coupez-les en morceaux assez gros ; épluchez les oignons, coupez-les également en quatre.

Sur chaque brochette, enfilez tour à tour : un morceau de tomate, un morceau d'oignon, une tête de champignon, un morceau de poivron, et ainsi de suite jusqu'à ce que la brochette soit pleine. Salez, poivrez, disposez les brochettes à cheval sur les bords d'un plat allant au four. Faites cuire à four vif environ 15 minutes, en arrosant périodiquement les brochettes avec un peu d'huile.

Bien sûr, si vous êtes à la campagne et disposez d'un barbecue, ou si vous avez une cheminée dans votre appartement, faites griller vos brochettes au-dessus d'un bon feu de bois... Elles auront un goût inoubliable, surtout si vous avez pris soin de les arroser d'un peu de vin blanc sec.

Caviar d'aubergines (RUSSIE)

- 3 aubergines
- 2 tomates
- 3 à 4 gousses d'ail
- 1 citron
- 10 cl d'huile (d'olive de préférence)
- sel, poivre en grains, quelques brins de persil

Lavez les aubergines. Faites-les griller à four chaud pendant 30 minutes, en les posant sur la grille. Retournez-les souvent pendant la cuisson. Lorsque leur peau est légèrement calcinée, plongez-les dans l'eau froide 2 ou 3 minutes puis pelez-les. Passez leur chair au moulin à légumes, et ajoutez-y du sel, le poivre moulu, le persil et l'ail hachés, le jus du citron. Versez l'huile peu à peu en tournant. Laissez refroidir et décorez avec des rondelles ou des quartiers de tomates avant de servir.

Céleris à la provençale

- 1 kg de céleris en branches
- 2 tomates
- 2 oignons
- 1 ou 2 gousses d'ail
- sel, poivre
- huile

Faites cuire les céleris à l'eau salée.

Pendant ce temps, émincez les oignons, pelez et concassez les tomates, pilez l'ail.

Faites revenir dans une sauteuse, avec de l'huile, les oignons ; dès qu'ils sont un peu saisis, ajoutez l'ail et les tomates. Laissez cuire 15 à 20 minutes puis ajoutez les céleris bien égouttés et coupés en morceaux. Laissez mijoter ensemble à feu doux, sous couvercle, 10 minutes.

(Vous pouvez accommoder de la même manière des côtes de blettes au lieu de céleris.)

Champignons à la muscade

- 300 g de champignons
- 1 c. à s. de beurre (ou de graisse végétale)
- 1 gousse d'ail
- sel, poivre, muscade

Nettoyez les champignons à l'eau vinaigrée et coupez-les en lamelles.

Dans une sauteuse, faites fondre doucement le beurre. Ajoutez la gousse d'ail coupée en petits morceaux, les champignons, couvrez et portez à ébullition. Laissez les champignons rendre tout leur jus, puis retirez le couvercle et continuez la cuisson à feu plus doux, en tournant de temps à autre. Lorsque l'eau est totalement évaporée, les champignons sont dorés et cuits. Ajoutez le sel, le poivre et la muscade râpée.

Chop-suey de légumes (CHINE)

- 1 concombre
- 1 petite salade (laitue ou romaine)
- 2 tomates
- 1 sachet de champignons noirs
- 1 petite boîte de pousses de bambou
- 150 g de germes de soja
- 1/2 c. à c. de glutamate de sodium (facultatif)
- 1/2 verre de vinaigre
- 1/2 verre de sucre en poudre
- 1 verre d'eau
- 2 c. à s. de sauce de soja
- 2 c. à s. de Maïzena
- 4 c. à s. de ketchup
- sel
- huile

Nettoyez tous les légumes. Coupez le concombre en rondelles, les tomates en huit, les feuilles de salade en deux ou trois.

Faites sauter tous les légumes dans un peu d'huile, avec le glutamate de sodium, en remuant souvent. Laissez-les cuire de 5 à 10 minutes (ils doivent rester un peu fermes). Salez si nécessaire.

Par ailleurs, préparez, dans une autre casserole, la sauce avec le vinaigre, le sucre, l'eau, la sauce de soja, le ketchup, la Maïzena délayée dans un peu d'eau au préalable. Portez à ébullition et laissez épaissir la sauce, puis versez-la sur les légumes. Laissez mijoter encore quelques minutes avant de servir. Ce chop-suey accompagne très bien riz ou nouilles.

Chou à la noix de coco (INDE)

- 1 chou d'environ 1 kg
- 6 c. à s. d'huile
- 50 g de noix de cajou
- 4 petits piments rouges secs (Cayenne)
- 8 feuilles de curry
- 2 oignons moyens
- 4 c. à s. de noix de coco râpée
- 1 c. à c. de graines de moutarde
- 1 c. à c. de sel

Épluchez les oignons et coupez-les très finement. Coupez le chou en lanières, lavez-le et égouttez-le.

Mettez l'huile à chauffer dans une cocotte pour y faire frire les noix de cajou grossièrement concassées. Retirez-les de l'huile lorsqu'elles sont légèrement brunes et posez-les sur une feuille de papier absorbant.

Dans la même huile très chaude, mettez les graines de moutarde à éclater, les piments, les feuilles de curry et les oignons. Lorsque le bord des oignons brunit, ajoutez le chou et salez. L'eau qui s'égoutte du chou doit suffire à la cuisson ; rajoutez-en un peu éventuellement. Couvrez et laissez cuire doucement de 20 à 30 minutes en veillant à ce que le chou n'attache pas au fond.

Lorsque le chou est cuit, incorporez la noix de coco et les noix de cajou concassées et retirez du feu.

Choucroute

- 1 beau chou vert pommé
- 6 à 12 pommes de terre
- 1 gros oignon
- 2 verres de vin blanc sec
- 20 à 30 baies de genièvre
- huile
- sel,
- poivre

Épluchez l'oignon et les pommes de terre. Nettoyez le chou et coupez-le en fines lamelles.

Dans une cocotte avec un peu d'huile, faites revenir l'oignon émincé. Ajoutez le chou avec les pommes de terre laissées entières, et les baies de genièvre. Arrosez avec le vin blanc sec et laissez cuire à l'étouffée, à feu doux, de 30 à 45 minutes. Évitez de soulever le couvercle en cours de cuisson.

Chou-fleur nappé

- 1 beau chou-fleur
- 500 g de pommes de terre
- 200 g de gruyère râpé
- sel, poivre
- huile, beurre
- chapelure
- vinaigre

Séparez le chou-fleur en bouquets, mettez-le à tremper dans l'eau vinaigrée. Épluchez les pommes de terre et débitez-les en rondelles.

Faites blanchir le chou-fleur. Puis, dans un plat à gratin huilé, étalez un lit de chou, une couche de pommes de terre et une de fromage râpé. Salez et poivrez entre chaque rangée, puis recommencez jusqu'à épuisement des ingrédients.

Sur le dessus, ajoutez quelques noisettes de beurre et saupoudrez le tout de chapelure. Mettez à four chaud pendant 35 minutes.

Chou-fleur aux trois graines (INDE)

- 1 beau chou-fleur
- 2 c. à c. de curcuma
- 1 c. à s. de graines de moutarde, nigelle et fenugrec mélangées
- 2 c. à c. de sel
- 1 pointe de piment
- 1 c. à s. d'huile
- 25 g de beurre

Lavez le chou-fleur, séparez les bouquets, essuyez-les avec un papier absorbant. Coupez les plus gros bouquets en trois ou quatre dans le sens de la longueur.

Dans une sauteuse ou une cocotte assez large, mettez l'huile et le beurre à chauffer et faites-y revenir le mélange de graines, puis 1 c. à c. de curcuma et le piment. Tournez quelques secondes, ajoutez le chou-fleur. Saupoudrez de sel et du restant de curcuma. Ne remuez pas trop pour que les bouquets aient le temps de brunir et soient un peu saisis. Lorsque tout le chou est imprégné de beurre et d'épices, couvrez et laissez cuire environ 20 minutes à feu plus doux. Remuez de temps à autre, en égouttant le couvercle au-dessus du chou-fleur. La vapeur dégagée suffit pour la cuisson. Si le fond attrape, rajoutez un peu de beurre. Le chou-fleur doit rester assez ferme et les bouquets ne doivent ni se briser ni s'écraser.

Légumes frais / 142

Chou-fleur et pommes de terre à la coriandre (INDE)

- 1 chou-fleur moyen
- 750 g de pommes de terre
- 50 g de beurre (ou d'huile)
- 1 c. à c. de curcuma
- 2 à 3 c. à c. de sel
- poivre (ou piment)
- 1 c. à s. de coriandre en poudre
- 1 c. à s. de graines de carvi (ou de cumin, ou les deux mélangés)

Lavez le chou-fleur et séparez-le en bouquets d'égale grosseur (assez petits). Épluchez les pommes de terre et coupez-les en morceaux.

Faites chauffer le beurre dans une cocotte et laissez-y revenir les graines de carvi, le curcuma, le piment. Ajoutez le chou-fleur, laissez-le s'imprégner de beurre coloré, en remuant de temps à autre. Mettez les pommes de terre et laissez-les prendre couleur aussi. Au besoin, rajoutez un peu de curcuma pour qu'elles aient une belle teinte jaune. Saupoudrez de coriandre, salez. Couvrez et laissez cuire à l'étouffée de 20 à 30 minutes : les légumes doivent être cuits mais ne pas s'écraser.

Chou frit à l'indienne

- 1 beau chou vert
- 150 g de beurre
- 4 gros oignons
- 1 c. à s. de sel
- 1 c. à s. de curcuma
- 1 c. à c. de piment rouge en poudre
- poivre

Émincez les oignons et faites-les dorer dans un peu de beurre avec du sel et du poivre.

Nettoyez le chou et coupez-le en fines lanières.

Dans une sauteuse, faites fondre doucement le beurre, mettez-y le piment rouge et le curcuma (ne respirez pas le mélange, vous risqueriez d'éternuer !). Lorsque le beurre commence à frémir, ajoutez le chou émincé ; salez, laissez cuire à feu moyen. En fin de cuisson, rajoutez les oignons.

Le chou doit rester légèrement craquant ; il ne doit être ni aqueux ni trop brun.

Chou rouge aux pommes et aux oignons

- 1 beau chou rouge
- 4 gros oignons
- 4 belles pommes (boskop ou reinettes)
- 75 g de beurre (ou de graisse végétale)
- 3 c. à s. d'huile (arachide ou maïs)
- sel
- poivre
- 2 c. à s. de crème fraîche (facultatif)

Nettoyez le chou et coupez-le en lanières fines.

Émincez les oignons et faites-les blondir très doucement dans 50 g de beurre et 1 c. à s. d'huile. Retirez-les avec une écumoire en les égouttant bien ; laissez-les en attente. Ajoutez le beurre et l'huile restants pour faire revenir les pommes épluchées et coupées en gros quartiers.

Par ailleurs, mettez le chou dans une marmite avec un verre d'eau bouillante et laissez cuire à tout petit feu en remuant souvent. Salez, poivrez suivant votre goût. Lorsque le chou devient moelleux, ajoutez oignons et pommes ; laissez mijoter ensemble de 20 à 30 minutes en surveillant et en mélangeant de temps à autre. Vous pouvez ajouter très peu d'eau si nécessaire.

Servez bien chaud et accompagné de crème fraîche, ou incorporez 2 c. à s. de crème en fin de cuisson.

Chou rouge aux pommes sauce groseille

- 1 beau chou rouge
- 6 belles pommes (boskop ou reinettes)
- 2 ou 3 clous de girofle
- 1 oignon
- 30 g de beurre
- 30 g de farine
- 1 c. à s. de vinaigre
- 3 c. à s. de gelée de groseilles
- sel, poivre

Lavez le chou, coupez-le en lanières et mettez-le dans une cocotte avec les pommes pelées et coupées en quartiers. Recouvrez d'eau. Salez, poivrez, ajoutez les clous de girofle et laissez cuire à feu doux 1 heure environ.

Pendant ce temps, émincez l'oignon, mettez-le à revenir dans un peu de beurre. Quand il est doré, retirez-le et versez la farine dans le beurre. Tournez sans cesse avec une cuillère de bois jusqu'à ce que la farine ait absorbé tout le beurre et prenne une teinte brun-roux. Mouillez peu à peu avec l'eau de cuisson du chou mélangée au vinaigre. Laissez cuire à feu très doux 20 minutes, ajoutez la gelée de groseilles et arrosez le chou aux pommes de cette sauce au moment de servir.

Concombres en daube (MARTINIQUE)

- 3 beaux concombres
- 6 tomates
- 1 gros oignon
- 1 gousse d'ail
- sel, poivre
- huile

Choisissez des concombres déjà un peu jaunes. Retirez-en la peau, fendez-les en deux dans le sens de la longueur pour pouvoir retirer les pépins, puis coupez-les en tranches. Pelez l'oignon et les tomates. Dans une cocotte, faites revenir à l'huile l'oignon coupé fin. Ajoutez les tomates en quartiers, l'ail écrasé, le sel, le poivre, puis les tranches de concombre.

Couvrez et laissez mijoter pendant 45 minutes.

Curry d'aubergines (INDE)

- 750 g d'aubergines
- 750 g de tomates
- 2 beaux oignons
- 1 yaourt
- 1 citron
- 6 gousses d'ail
- 10 à 15 g de gingembre frais
- 1 c. à s. de graines de pavot
- 1 c. à s. de sucre
- 2 c. à c. de curcuma
- sel, piment en poudre (ou poivre à défaut)
- 5 c. à s. d'huile

Coupez les tomates en quartiers et les aubergines en quatre ou en huit dans le sens de la longueur, puis en tronçons de 4 cm de long.

Épluchez l'ail, les oignons, le gingembre et hachez-les très fin, puis achevez de les piler dans un mortier, en même temps que les graines de pavot.

Faites revenir ce hachis à l'huile, dans une cocotte, ajoutez le curcuma, le sel, le piment (si vous aimez manger relevé, ne craignez pas d'en mettre 1 bonne cuillère). Quand le mélange est bien frit, jetez-y les morceaux d'aubergines, remuez, couvrez et laissez cuire à feu doux. Au bout de 5 minutes, ajoutez les tomates, le sucre, mélangez bien et couvrez à nouveau.

Lorsque les aubergines sont bien tendres, versez le contenu du pot de yaourt. Cinq minutes plus tard, ajoutez le jus de citron. Laissez mijoter quelques minutes encore et servez.

Curry de Madras aux légumes (INDE)

- 15 petites pommes de terre
- 15 petits oignons
- 150 g de petits pois écossés
- 150 g de carottes
- 150 g de haricots verts
- 2 gros oignons
- 6 gousses d'ail
- 10 à 15 g de gingembre frais
- 1 à 2 petits piments verts frais
- 1 poignée de noix de cajou
- 1 tasse de lait de coco (recette p. 250)
- 1 morceau de tamarin de la grosseur d'une bille (ou à défaut, 1 citron)
- 1 c. à c. de graines de moutarde
- 1 c. à c. de curcuma
- 1 c. à c. de coriandre en poudre
- 1 c. à c. de carvi en poudre
- 1 c. à c. de piment en poudre
- 1 à 2 petits piments secs « langue d'oiseau »
- sel
- huile

La veille, mettez le morceau de tamarin à tremper dans 1/2 tasse d'eau. Recueillez l'eau le lendemain et pressez le tamarin entre vos doigts pour en extraire tout le liquide. Si vous n'avez pu vous procurer de tamarin, remplacez-le par le jus d'un citron.

Légumes frais / 146

Pelez l'ail, les oignons, le gingembre, hachez-les puis finissez de les écraser au pilon avec les piments verts, la coriandre et le carvi, jusqu'à obtenir une sorte de pâte.

Nettoyez tous les légumes. Épluchez oignons et pommes de terre. Pelez les carottes, coupez-les en dés ainsi que les haricots verts.

Faites chauffer de l'huile dans une cocotte. Mettez-y à frire les graines de moutarde. Quand elles éclatent, ajoutez les noix de cajou, laissez-les brunir, en remuant sans cesse pour qu'elles ne brûlent pas, puis ajoutez la pâte d'épices. Laissez frire le mélange jusqu'à ce qu'il soit brun, en y ajoutant les piments secs, le curcuma et le piment en poudre, puis du sel. Mouillez avec très peu d'eau pour que les épices ne brûlent pas. Ajoutez tous les légumes et couvrez avec juste assez d'eau pour qu'ils cuisent. Versez le lait de coco et laissez mijoter à feu doux 30 minutes environ.

Lorsque tous les légumes sont cuits, retirez du feu et ajoutez le jus de tamarin ou de citron.

Curry aux neuf joyaux (INDE)

pour 6 personnes

- 100 g de pommes de terre
- 100 g de carottes
- 100 g de haricots verts
- 100 g de poivrons
- 100 de chou-fleur
- 100 g de petits pois écossés
- 100 g de raisins blonds secs
- 100 g de noix de cajou
- 100 g de panir (voir p. 245)
- 2 tomates
- 1 yaourt
- huile ou beurre
- 2 tranches d'ananas (facultatif)
- sel
- sucre

Pâte d'épices :
- 6 gousses d'ail
- 20 à 25 g de gingembre frais
- 2 petits piments verts frais
- 4 piments rouges secs « langue d'oiseau »
- 2 c. à c. de graines de coriandre
- 1 c. à c. de graines de cumin
- 1 c. à c. de graines de carvi
- 3 cardamomes entières

PRÉPARATION DES ÉPICES

Pelez les gousses d'ail et le gingembre, coupez-les en petits morceaux, ainsi que les piments verts. Broyez le tout dans un mortier avec le restant des épices (écossez les cardamomes pour ne garder que les graines). Travaillez le mélange au pilon jusqu'à obtenir une pâte homogène.

PRÉPARATION DU CURRY

Nettoyez les légumes. Coupez en dés les carottes, les pommes de terre et les haricots verts, videz les poivrons et débitez-les en lanières.

Coupez le chou-fleur en morceaux moyens.

Mettez les raisins à tremper dans de l'eau tiède.

Faites bouillir ensemble les haricots, les petits pois, les carottes et le chou-fleur. Faites frire les pommes de terre à la poêle, dans de l'huile ou du beurre.

Coupez le *panir* en morceaux rectangulaires que vous faites frire également à la poêle. Trempez les morceaux aussitôt frits dans le petit-lait que vous aurez conservé.

Faites légèrement revenir les poivrons, juste assez pour qu'ils s'attendrissent.

Ébouillantez les tomates pour les peler, puis écrasez la pulpe avec graines et jus, en ajoutant un tout petit peu d'eau.

Battez le yaourt dans un bol, avec une fourchette.

Dans une cocotte, faites chauffer une grosse noix de beurre (ou de l'huile) dans laquelle vous mettez à frire la pâte d'épices durant quelques minutes. Ajoutez la purée de tomates, le yaourt battu et laissez frire quelques instants en remuant sans cesse. Ajoutez alors tous les légumes, les raisins égouttés, les noix de cajou, les morceaux de *panir*, du sel et du sucre à votre goût et laissez mijoter le tout 5 minutes environ.

Vous pouvez servir ce curry très riche avec un riz blanc, et le décorer au dernier moment de morceaux d'ananas.

Curry aux noix de cajou (INDE)

C'est un curry d'accompagnement, non un plat principal. Nous donnons donc les proportions en conséquence :

- 250 g de noix de cajou
- 2 beaux oignons
- 1 gousse d'ail
- 2 tomates
- 1 petit morceau de gingembre frais

- 1 noix de coco
- 12,5 cl d'huile
- sel
- poivre ou piment
- 1 ou 2 brins de coriandre fraîche (facultatif)

Ouvrez la noix de coco et préparez du lait de coco selon la recette p. 250.

Dans un mortier, écrasez les oignons, l'ail et le gingembre. Coupez les tomates en petits dés.

Dans l'huile chaude, faites frire les noix de cajou ; retirez-les avec une écumoire quand elles commencent à brunir, en égouttant bien, et mettez-les dans un bol.

Dans la même huile, faites revenir oignon, ail et gingembre pilés, en y ajoutant du sel et du piment à votre goût. Lorsque le tout est légèrement brun-doré, mettez les tomates. Couvrez et laissez mijoter quelques minutes puis ajoutez les noix de cajou et 2 tasses de lait de coco.

Laissez cuire jusqu'à ce que le mélange épaississe. Au moment de servir, parsemez de coriandre hachée.

Curry de petits pois et carottes (INDE)

- 500 g de carottes nouvelles
- 500 g de petits pois frais (écossés)
- 1 belle tomate
- 1 petit morceau de gingembre frais
- 1 c. à c. de curcuma
- 1 c. à c. de cumin en poudre
- 1 c. à c. de coriandre moulue
- sel, poivre (ou piment)
- huile
- persil (ou coriandre)

Pelez et coupez les carottes en dés. Émincez le gingembre. Ébouillantez la tomate pour la peler et hachez-la grossièrement.

Faites frire dans un peu d'huile le gingembre, le curcuma, le cumin et la coriandre en poudre. Quand le mélange prend une teinte brune, ajoutez la tomate hachée et très peu d'eau. Laissez cuire 5 minutes, puis mettez les petits pois écossés et les carottes. Remuez bien. Versez 2 tasses d'eau et laissez frémir jusqu'à ce que les légumes soient bien cuits et tendres : l'eau doit être absorbée et il ne doit plus rester de liquide.

Servez parsemé de persil haché ou de quelques feuilles de coriandre fraîche.

Curry « tous légumes »

- 1 tasse de lentilles
- 3 tomates
- 1 oignon
- 2 poivrons
- 4 carottes
- 1 aubergine
- 4 pommes de terre
- 6 piments doux
- 1 petit piment rouge sec
- 1 c. à c. de curry
- 1/2 c. à c. de curcuma
- 1 c. à c. de coriandre
- 1/2 c. à c. de muscade
- 1/2 à 1 c. à c. de cumin
- 1/2 c. à c. de graines de cumin
- 1/2 c. à c. de graines de moutarde
- sel
- huile
- 1 citron

Lavez les lentilles et mettez-les à cuire dans très peu d'eau. Tournez souvent et rajoutez de l'eau au fur et à mesure, par petites quantités.

Pendant ce temps, nettoyez les légumes, coupez en dés les aubergines et les pommes de terre, les carottes, les poivrons, les tomates.

Au bout de 30 minutes de cuisson, ajoutez tous les légumes aux lentilles avec l'oignon épluché mais entier, les piments, le sel et les épices. Surveillez la cuisson et tournez de temps à autre.

Lorsque tout est cuit, retirez du feu. Faites rôtir dans 2 c. à s. d'huile les graines de cumin et de moutarde et, lorsque celles-ci ont fini d'éclater, versez le tout sur les légumes. Ajoutez le jus du citron.

Accompagnez ce curry d'une céréale : riz, couscous, pilpil de blé ou polenta.

Servez sur chaque assiette un peu de céréale, du curry « tous légumes » et un peu de yaourt nature.

Épinards à la crème

- 2,5 kg d'épinards frais
- 10 cl de crème fraîche
- 30 à 50 g de beurre
- sel, poivre
- muscade

Lavez bien les épinards et faites-les blanchir dans l'eau bouillante salée, de 3 à 5 minutes : ils doivent rester un peu fermes. Égouttez-les.

Par ailleurs, faites chauffer au bain-marie le beurre et la crème fraîche, en assaisonnant avec sel, poivre et muscade. Le poivre doit prédominer. Disposez les épinards dans un plat et arrosez-les au moment de servir avec cette sauce simple, mais riche et délicieuse.

Vous pouvez préparer de la même manière asperges, endives, champignons, oseille, fenouil, céleri, poireaux, laitues braisées, etc.

Épinards panachés

- 1 kg d'épinards
- 3 pommes de terre
- 1 belle aubergine
- 125 g de petits pois en boîte
- 3 oignons
- 250 g de champignons de Paris
- 2 gousses d'ail
- 1/2 c. à c. de graines de moutarde
- 1/2 c. à c. de graines de fenugrec
- 3 piments « langue d'oiseau » (facultatif)
- sel, poivre
- huile

Émincez les oignons. Hachez très grossièrement les épinards et lavez-les. Nettoyez les champignons.

Dans une cocotte, faites revenir à l'huile les oignons avec une gousse d'ail écrasée. Salez, poivrez. Lorsque les oignons sont dorés, ajoutez les piments et les épices. Laissez éclater les graines de moutarde, puis mettez les pommes de terre et l'aubergine coupées en rondelles, qui doivent être un peu saisies. Au bout de 5 à 10 minutes, rajoutez les épinards ; mouillez avec un petit verre d'eau, salez, poivrez, couvrez et laissez cuire à l'étouffée.

Par ailleurs, émincez les champignons, faites-les revenir à l'huile avec sel, poivre et l'autre gousse d'ail hachée.

Cinq minutes avant la fin de cuisson des autres légumes, ajoutez les petits pois et les champignons.

Épinards au *panir* (« palak panir ») (INDE)

- 2 kg d'épinards
- 250 g de panir (recette p. 245)
- 2 gros oignons
- 15 à 20 g de gingembre frais
- 1 c. à c. de curcuma
- 1 c. à c. de coriandre en poudre
- 1 c. à c. de cumin en poudre
- sel
- poivre (ou piment)
- 1/2 verre d'huile environ (ou du beurre)

Lavez les épinards et faites-les cuire avec très peu d'eau salée. Une fois cuits, égouttez-les et réduisez-les en purée.

Épluchez les oignons et le gingembre puis hachez le tout très fin.

Coupez le *panir* égoutté en cubes que vous faites frire dans l'huile très chaude, dans une sauteuse. Retirez-les et trempez-les aussitôt dans du petit-lait mis de côté à cet effet.

Dans la même huile, faites revenir les oignons et le gingembre. Ajoutez toutes les épices et laissez brunir le mélange, en ajoutant au besoin très peu d'eau pour qu'il ne brûle pas. Ajoutez la purée d'épinards. Si elle est très sèche, mouillez avec 1 verre ou 1 tasse d'eau : attention, elle ne doit être ni trop épaisse ni trop liquide.

Laissez mijoter 10 minutes à feu doux, vérifiez l'assaisonnement et ajoutez en dernier lieu les cubes de *panir* frits.

Servez très chaud avec du riz ou une céréale, ou bien accompagné de crêpes.

Gombos aux oignons (INDE)

- 1 kg de gombos frais
- 500 g d'oignons
- 1 c. à c. de curcuma
- 1 c. à c. de coriandre en poudre
- 1 c. à c. de cumin en poudre
- 4 c. à s. d'huile
- sel
- poivre (ou piment)

Nettoyez les gombos, retirez le pédoncule et la pointe puis coupez-les en rondelles. Épluchez et émincez les oignons.

Faites revenir les gombos dans l'huile jusqu'à ce qu'ils soient tendres. Retirez-les avec une écumoire puis faites brunir les oignons et retirez-les de même. Toujours dans la même huile, faites frire les épices (curcuma, coriandre et cumin), en remuant pour bien mélanger. Remettez les oignons et les gombos, salez, poivrez ou pimentez.

Couvrez et laissez réduire à feu doux jusqu'à ce qu'il n'y ait plus de liquide.

Gombos aux tomates (INDE)

- 500 g de gombos frais
- 500 g de tomates
- 250 g d'oignons
- 25 g de gingembre frais
- 1 c. à c. de curcuma
- 1 c. à c. de graines de carvi
- sel, piment
- huile

Lavez les gombos et roulez-les sur un torchon bien sec pour les essuyer. Coupez pointes et pédoncules. Ébouillantez les tomates afin de les peler, écrasez leur chair avec le jus. Pelez et émincez finement les oignons.

Faites revenir les oignons dans l'huile. Lorsqu'ils sont brun clair, retirez-les avec une écumoire et écrasez-les.

Mettez ensuite les gombos à frire dans l'huile jusqu'à ce qu'ils prennent une teinte brun-doré. Retirez, laissez en attente.

Dans l'huile restante, faites brunir le gingembre écrasé, le curcuma, le carvi, le sel et le piment ; ajoutez les purées d'oignons et de tomates, laissez mijoter 10 minutes à feu doux. Remettez les gombos, laissez encore 10 minutes sur le feu avant de servir.

Attention : les gombos ne doivent pas s'ouvrir.

Gratin de navets spécial

- 1 kg de navets
- 750 g de pommes de terre
- 750 g de carottes
- 4 oignons
- 50 cl de lait
- 150 g de gruyère râpé
- sel, poivre, thym, basilic, ail
- huile

Nettoyez tous les légumes, coupez-les en rondelles, émincez les oignons.

Dans un plat à gratin huilé, alternez une couche de carottes, une couche de pommes de terre, une de navets. Salez, poivrez chaque couche, parsemez-la d'oignons, ajoutez thym, ail et basilic si vous le désirez. Lorsque tous les légumes sont ainsi disposés, nappez-les d'une sauce faite avec le lait et le fromage râpé mélangés.

Faites cuire à four chaud (th. 9) environ 1 h 30.

Gratin de Provence

- 4 beaux poivrons
- 4 tomates
- 6 artichauts
- 2 gros oignons
- 300 à 400 g de champignons de Paris
- 350 g de riz
- 100 g de gruyère râpé
- sel, poivre
- ail, persil
- huile (d'olive de préférence)

Lavez tous les légumes. Videz les poivrons de leurs graines, coupez-les en minces lanières que vous ferez revenir à l'huile dans une poêle, avec un peu de sel, de l'ail et du persil hachés. Retirez les poivrons de la poêle avec une écumoire pour qu'ils ne soient pas trop gras. Faites maintenant revenir de la même manière les champignons coupés en lamelles.

Pendant ce temps, mettez à cuire le riz avec son assaisonnement.

Préparez les artichauts en retirant les parties dures (queues et feuilles du tour), coupez-les en quatre ou en huit s'ils sont très gros, ôtez le foin et faites-les revenir à la poêle et à couvert, pendant 15 minutes.

Huilez un plat à gratin, étalez dans le fond artichauts et champignons mélangés, recouvrez avec le riz cuit, parsemez d'ail et de persil hachés.

Dans la poêle, faites revenir à l'huile avec une pointe d'ail les oignons émincés, puis les tomates pelées, vidées et coupées en morceaux. Salez, poivrez, puis mélangez aux poivrons et versez cette préparation sur le riz en couche égale.

Mettez à four chaud durant 20 minutes ; parsemez le plat de gruyère râpé et laissez encore gratiner quelques minutes avant de servir.

Variante

Vous pouvez remplacer le gruyère par une couche de crème fraîche mêlée d'ail et de fines herbes, que vous ajouterez également en fin de cuisson.

Haricots panachés au lait

- 500 g de haricots verts frais
- 500 g de haricots en grains frais
- 3 oignons
- 40 g de beurre
- 1 verre de lait
- sel, poivre
- 2 feuilles de sauge

Coupez les haricots verts en morceaux de 1 à 2 cm de long, faites-les cuire à l'étuvée, dans 1 petit verre d'eau bouillante, durant 20 à 25 minutes. Salez. D'autre part, faites cuire les haricots écossés avec 2 verres d'eau bouillante, du sel, les feuilles de sauge, à petite ébullition durant 20 minutes. (Les grains doivent s'écraser facilement mais la peau ne doit pas s'ouvrir.)

Pendant ce temps, épluchez les oignons, hachez-les et malaxez-les avec le beurre, puis mettez le tout à fondre dans une sauteuse et laissez les oignons blondir doucement.

Au bout du temps indiqué, égouttez les haricots en conservant les eaux de cuisson.

Dans la sauteuse, avec les oignons, mettez les haricots verts avec le lait et laissez se terminer la cuisson des haricots verts dans le lait, à feu très doux. Puis ajoutez les haricots en grains, laissez encore mijoter 10 minutes. Si les légumes sont trop secs, mouillez au fur et à mesure avec un peu d'eau de cuisson.

Légumes au couscous

- 300 g de couscous
- 4 oignons
- 3 gousses d'ail
- 5 carottes
- 1 petit chou-fleur
- quelques blettes et épinards
- sel
- poivre
- cumin ou épice au choix
- huile

Coupez les oignons en rondelles, émincez l'ail, séparez le chou-fleur en petits bouquets, coupez grossièrement blettes et épinards, débitez les carottes en rondelles.

Dans une cocotte à couvercle creux, versez un peu d'huile puis étalez un lit d'oignons et d'ail. Mettez par-dessus les légumes et laissez cuire lentement à l'étouffée, en prenant soin de verser un peu d'eau dans le creux du couvercle.

En cours de cuisson, tournez une ou deux fois et ajoutez très peu d'eau si nécessaire. Lorsque les légumes sont bien cuits et les oignons dorés, versez un volume d'eau équivalant à deux fois celui du couscous. Salez, portez à ébullition et versez en pluie le couscous. Tournez. Dès la reprise de l'ébullition, éteignez le feu et couvrez après avoir ajouté les épices de votre choix. Laissez gonfler la graine et servez.

Légumes chasseur

- 1 kg de carottes
- 4 à 5 tomates
- 2 oignons
- 250 g de champignons de Paris (ou autre)
- 150 g d'olives vertes dénoyautées
- huile
- vin blanc sec
- sel, poivre
- bouquet garni, muscade
- 1 clou de girofle
- beurre
- 1 à 2 c. à s. de farine

Lavez et préparez les légumes.

Dans une cocotte, versez un peu d'huile et faites légèrement rissoler les champignons, puis retirez-les.

Faites ensuite blondir les oignons émincés ; ajoutez les tomates épluchées et coupées en morceaux, les carottes coupées en quatre dans le sens de la longueur, les olives, le bouquet garni, le sel, le poivre, les épices, et recouvrez de vin blanc sec.

Après 45 minutes de cuisson, remettez les champignons.

Dans une tasse, travaillez une noix de beurre avec la farine ; délayez avec un peu de sauce de cuisson des légumes et ajoutez au plat en même temps que les champignons. Donnez quelques tours avec une cuillère en bois pour bien mélanger, et laisser mijoter encore 10 à 15 minutes.

Ce plat accompagne très bien le riz.

Légumes en folie

- 500 g de carottes
- 250 g de champignons
- 300 g de pommes de terre
- 3 oignons
- 3 tomates
- quelques feuilles de chou
- thym et laurier en poudre
- noix muscade
- poivre, sel
- huile

Nettoyez tous les légumes, coupez les carottes et les pommes de terre en rondelles, émincez les oignons et les champignons. Ébouillantez les feuilles de chou dont vous enlèverez les côtes.

Dans un plat à gratin huilé, disposez un lit d'oignons, quelques champignons, un lit de carottes, les feuilles de chou, un lit de pommes de terre, un autre lit de carottes. Recouvrez de tranches de tomates et terminez par une couche de champignons. Assaisonnez chaque couche avec du sel, du poivre, de la muscade, du thym, du laurier, et arrosez-la d'un mince filet d'huile.

Laissez cuire 40 minutes à four chaud (th. 7).

Morilles à la crème

- 600 g de morilles
- 60 g de beurre
- 1/2 verre de vin blanc sec
- 25 cl de crème fraîche
- sel, poivre
- vinaigre

Lavez les morilles dans de l'eau vinaigrée, épongez-les délicatement avec un linge, coupez les plus grosses.

Faites chauffer le beurre dans une sauteuse, laissez-y revenir légèrement les morilles. Mouillez avec le vin blanc, couvrez et laissez cuire à l'étouffée quelques minutes. Salez, poivrez, incorporez la crème fraîche et laissez mijoter 3 minutes à feu très doux avant de servir.

Variante

Vous pouvez remplacer le vin blanc par le jus d'un citron, et la crème par de la sauce béchamel.

Navets glacés

- 1 kg de navets
- 100 à 150 g de beurre
- 1 c. à s. de sucre en poudre
- sel, poivre
- 1 c. à c. rase de persil et de cerfeuil hachés

Pelez les navets, coupez-les en petits morceaux, plongez-les 10 minutes dans l'eau bouillante. Égouttez. Dans une poêle, faites fondre le beurre tout doucement, mettez-y les navets, saupoudrez de sucre et laissez prendre couleur

10 minutes. Au moment de servir, salez, poivrez, parsemez de persil et de cerfeuil.

Nituké d'oignons (JAPON)

- 2 kg d'oignons
- 3 gousses d'ail
- 1 louche d'huile
- 1 louche de sauce de soja
- thym, herbes de Provence (facultatif)

Épluchez et émincez les oignons.

Dans une cocotte, mettez l'huile à chauffer et faites-y revenir les oignons avec les gousses d'ail entières et les herbes. Lorsque les oignons sont blonds, ajoutez la sauce de soja et laissez cuire à tout petit feu durant 30 minutes environ.

Attention : la sauce de soja étant salée, cette recette ne comporte pas de sel.

« Omelette » de pommes de terre

- 1 kg de pommes de terre de bonne qualité (rouges si possible)
- 80 à 100 g de beurre
- sel, poivre
- 100 g de fromage râpé

Pelez les pommes de terre et râpez-les. Laissez-les dégorger quelque temps sur un torchon propre. Dans une poêle très large ou une sauteuse, faites fondre doucement la moitié du beurre, mettez-y les pommes de terre. Au fur et à mesure qu'elles dorent, tournez-les et décollez la croûte qui se forme au fond de la poêle, de façon que toutes cuisent également. Salez, poivrez. Rajoutez le beurre petit à petit. Lorsque les pommes de terre sont bien cuites et onctueuses, saupoudrez-les de fromage râpé et repliez l'« omelette » de pommes de terre de telle sorte que le fromage se trouve au milieu. Laissez dorer encore quelques minutes et retirez l'omelette avec une écumoire pour qu'elle ne soit pas trop grasse.

Variantes

Vous pouvez faire également de délicieuses « omelettes » aux oignons ou aux fines herbes et même aux champignons.

Papaye à la tomate (MARTINIQUE)

- 1 grosse papaye verte (ou 2 petites)
- 1 bol de sauce tomate pimentée (recette p. 189)
- 30 g de beurre
- 3 c. à s. de chapelure
- sel, poivre (ou piment en poudre)

Épluchez la papaye et faites-la blanchir 5 minutes dans l'eau bouillante puis coupez-la en fines lamelles.

Préparez d'autre part la sauce tomate, bien épaisse et assez salée.

Dans un plat à gratin beurré, alternez les couches de papaye parsemées de noisettes de beurre et les couches de sauce tomate, en terminant par la sauce. Saupoudrez de chapelure et laissez cuire à four doux pendant 1 heure environ. Servez très chaud.

Petits pois à la menthe

- 2 kg de petits pois frais (non écossés)
- 1 boîte d'oignons nouveaux
- 1 à 2 morceaux de sucre
- 50 g de beurre
- 3 ou 4 feuilles de menthe fraîche
- sel, poivre

Écossez les petits pois et faites-les bouillir 10 minutes à l'eau salée avec 1 feuille de menthe.

Mettez le beurre dans une cocotte, faites revenir les oignons entiers. Ajoutez les petits pois égouttés, le sel, le poivre et laissez cuire à l'étuvée à feu très doux. Un peu plus tard, mettez le sucre et 1 feuille de menthe. Recouvrez et laissez se terminer la cuisson.

Servez avec du beurre frais et parsemé de menthe finement hachée.

Petit pois au *panir* (INDE)

- 1 boîte de petits pois (500 g)
- 2 gros oignons
- 2 gousses d'ail
- 3 à 4 tomates fraîches (ou 1 petite boîte de tomates pelées)
- 1 petit piment frais ou 1/2 c. à c. de piment en poudre
- 2 yaourts
- 1/2 c. à c. de curcuma
- 1/4 c. à c. de gingembre
- 1/2 c. à c. de cumin en poudre
- 1/2 c. à c. de coriandre en poudre
- 1 c. à c. de garam masala (recette p. 249)
- sel
- huile
- panir obtenu avec 2 l de lait caillé égoutté (recette p. 245)

Coupez le caillé égoutté en cubes et faites-les frire à la poêle dans de l'huile, jusqu'à ce qu'ils soient dorés des deux côtés. Trempez les cubes de *panir* aussitôt frits dans le petit-lait : cela les rend plus moelleux.

Hachez l'ail et les oignons, faites-les revenir à l'huile. Ajoutez toutes les épices, sauf le garam masala. Laissez frire pendant quelques minutes puis ajoutez les tomates. Laissez cuire de 5 à 10 minutes s'il s'agit de tomates en conserve, plus longtemps pour les tomates fraîches. Ajoutez les petits pois avec une partie de leur jus, le sel, le garam masala. Lorsque l'ensemble frémit, versez le contenu des pots de yaourt, remuez bien pour mélanger et rajoutez en dernier les cubes de *panir* frits.

Poireaux gratinés à la béchamel

- 2 kg de poireaux
- sauce béchamel (voir recette p. 181)
- sel, poivre
- noix muscade
- 50 à 100 g de gruyère râpé
- 1 c. à s. d'huile

Nettoyez les poireaux, coupez-les en morceaux de longueur égale et faites-les cuire à l'eau salée. Après les avoir bien égouttés, disposez-les dans un plat à gratin huilé.

Préparez une sauce béchamel que vous assaisonnerez avec sel, poivre et noix muscade. Nappez de sauce les poireaux et recouvrez de fromage râpé.

Faites gratiner à four chaud jusqu'à ce que la surface soit dorée.

Variantes

D'après cette recette type, vous pouvez accommoder à la sauce béchamel : salsifis, asperges, fenouils, endives, laitues, etc.

Poivrons aux pommes de terre

- 3 beaux oignons
- 6 poivrons
- 500 g de pommes de terre
- 2 gousses d'ail
- 1 feuille de laurier
- 1 à 2 c. à s. de sauce de soja
- sel, poivre
- huile

Dans une cocotte, faites revenir les oignons émincés, les poivrons évidés et coupés en lanières, les gousses d'ail. Lorsque le tout est doré, ajoutez les pommes de terre coupées en gros morceaux. Salez, poivrez, mettez la feuille de laurier et mouillez avec 1 bon verre d'eau. Couvrez avec un couvercle creux dans lequel vous verserez un peu d'eau.

Laissez cuire à petit feu pendant 30 minutes. En fin de cuisson, ajoutez la sauce de soja.

Pommes de terre au cumin

pour 4 personnes

- 8 pommes de terre moyennes (doublez les quantités si vous avez bon appétit !)
- 1 c. à c. de cumin en poudre
- 1 c. à c. de sel fin
- huile

Lavez ou brossez les pommes de terre et laissez-leur la peau. Partagez-les en deux dans le sens de la longueur.

Dans une tasse, mélangez le sel et le cumin ; recouvrez de ce mélange la partie coupée des pommes de terre et posez cette partie sur une plaque graissée. Huilez le dessus au pinceau et cuisez 45 minutes à four moyen.

Voici une recette simple mais fameuse ! Ces pommes de terre au cumin se marient très bien avec des feuilles de chou blanc braisées avec des baies de genièvre.

Ragoût de pommes de terre

- 2 kg de pommes de terre
- 10 à 12 tomates
- 2 beaux oignons
- 100 à 150 g d'olives noires dénoyautées
- 1 paquet de cèpes déshydratés (30 g)
- huile
- sel, poivre
- thym, laurier

Épluchez les légumes. Coupez les pommes de terre en morceaux d'égale grosseur.

Faites revenir les oignons émincés dans une cocotte avec un peu d'huile, ajoutez les tomates coupées en morceaux, laissez réduire un tout petit peu. Salez, poivrez, mettez une belle branche de thym, 2 ou 3 feuilles de laurier, puis les pommes de terre que vous laisserez roussir dans la sauce. Ensuite, recouvrez le tout d'eau bouillante et rajoutez les olives noires, et les cèpes que vous aurez lavés ou fait légèrement tremper auparavant.

Attention : salez peu — ou pas du tout — selon la qualité des olives que vous emploierez.

Laissez cuire à feu doux de 20 à 30 minutes.

Pommes de terre sautées aux épices

- 1 kg de pommes de terre
- 1 à 2 c. à c. de coriandre en poudre
- 1 à 2 c. à c. de graines de carvi
- 1 piment vert (facultatif)
- sel
- poivre (ou piment)
- huile

Faites bouillir les pommes de terre avec leur peau dans de l'eau salée. Égouttez, pelez et coupez en morceaux moyens.

Dans une cocotte, mettez l'huile à chauffer. Dès qu'elle fume, jetez-y les graines de carvi, puis la coriandre et le piment débité en rondelles.

Ajoutez les pommes de terre, salez, poivrez, laissez-les dorer quelques minutes pour qu'elles soient bien imprégnées d'épices.

Pommes de terre aux haricots et aux poivrons (INDE)

- 500 g de pommes de terre
- 6 poivrons verts moyens
- 250 g de haricots verts frais
- 3 oignons
- 2 à 3 gousses d'ail
- 1/2 c. à c. de curry en poudre
- 1 c. à c. de graines de moutarde
- 1/2 c. à c. de curcuma
- 1 à 2 c. à c. de sel
- 1 c. à s. d'huile
- 15 g de beurre

Nettoyez les légumes. Coupez les pommes de terre en dés d'environ 1 cm de côté, les haricots verts en petits morceaux, les poivrons vidés de leurs graines en lanières. Hachez l'ail et les oignons.

Faites chauffer huile et beurre dans une cocotte, jetez-y les graines de moutarde qui vont éclater, puis l'oignon et l'ail. Quand les oignons sont dorés et moelleux, ajoutez les haricots verts avec très peu d'eau. Couvrez.

Au bout de 5 minutes, mettez le curry, le curcuma, le sel, puis les pommes de terre et 50 cl d'eau. Remuez. À mi-cuisson des pommes de terre, ajoutez les poivrons. Laissez mijoter jusqu'à ce qu'il ne reste plus d'eau. Vérifiez la cuisson et rajoutez un peu d'eau si nécessaire.

Vous pouvez déguster ce plat seul ou avec des céréales.

Le « pot-au-chou »

- 1 beau chou vert
- 250 g de carottes
- 200 g de navets
- 500 g de poireaux
- 4 beaux oignons
- 1 bouquet garni
- 2 clous de girofle
- sel
- poivre
- 200 g de céréales (blé entier ou concassé, ou riz, ou millet)
- beurre et fromage râpé (facultatif)

Faites cuire la céréale choisie à l'eau salée, avec 2 oignons.

Pendant ce temps, épluchez et lavez les légumes.

Faites blanchir le chou à peine 10 minutes dans l'eau salée. Égouttez-le.

Préparez une farce avec la céréale cuite, les 2 oignons cuits et écrasés, sel, poivre, quelques noisettes de beurre et du fromage râpé. Écartez délicatement les feuilles du chou et remplissez les intervalles de farce. Lorsque tout le chou est garni, ficelez-le pour le maintenir. Placez-le dans une cocotte, entouré des autres légumes : navets, carottes, poireaux, oignons entiers dans lesquels vous aurez piqué les clous de girofle. Salez, poivrez, ajoutez le bouquet garni puis recouvrez d'eau et laissez mijoter de 1 heure à 1 h 30, comme un pot-au-feu.

Servez avec un peu de beurre frais, ou arrosé d'un filet d'huile.

Pot-au-feu au fromage

- 750 g de carottes
- 500 g de poireaux
- 2 ou 3 beaux navets
- 2 gros oignons
- 1 petite branche de céleri
- 1 bouquet garni

- 1 clou de girofle
- sel, poivre
- 400 g de gruyère (ou de comté)
- cornichons
- moutarde

Épluchez oignons, carottes et navets. Mettez tous les légumes entiers dans une cocotte. Ajoutez par-dessus le morceau de fromage, recouvrez d'environ 1 l à 1,5 l d'eau. Laissez cuire à petit feu 1 heure environ. Lorsque tous les légumes sont cuits, le fromage a fondu complètement — ou presque : le peu qu'il en reste n'est pas mangeable, il a pris une consistance caoutchouteuse, mais a par contre délicieusement parfumé le bouillon. Salez un peu si nécessaire, poivrez et servez ce « pot-au-feu » accompagné de moutarde et de cornichons.

Ratatouille fantaisie

- 2 belles aubergines
- 3 courgettes
- 2 gros poivrons (1 vert, 1 rouge)
- 6 tomates mûres
- 200 g de haricots écossés frais
- 4 belles pommes de terre
- 2 gros oignons
- 4 gousses d'ail
- 1 bouquet garni
- 25 cl d'huile
- sel, poivre
- 2 feuilles de sauge

Nettoyez les légumes. Débitez les aubergines en petits dés, les courgettes en dés plus gros, videz les poivrons et coupez-les en lanières. Épluchez les pommes de terre et coupez-les en dés.

Faites revenir et cuire à feu doux chacun de ces légumes séparément, dans le quart de la quantité d'huile, avec une gousse d'ail écrasée, du sel, du poivre. Faites cuire les haricots écossés dans très peu d'eau bouillante avec les feuilles de sauge. Salez légèrement. Surveillez la cuisson en rajoutant un peu d'eau si nécessaire.

Ébouillantez les tomates pour les peler, coupez-les en quatre et préparez une sauce tomate avec les oignons émincés que vous aurez fait dorer auparavant. Salez, poivrez, ajoutez le bouquet garni. Laissez cuire à découvert pour que la sauce réduise.

Quand la sauce est prête, retirez le bouquet et mélangez à la sauce tous les légumes cuits, que vous aurez pris soin de bien égoutter. Laissez mijoter 20 minutes à feu doux.

Ratatouille niçoise

- 500 g d'aubergines
- 500 g de courgettes
- 500 g de poivrons
- 1 kg de tomates
- 4 beaux oignons
- 1 bouquet garni
- 2 gousses d'ail
- sel
- poivre
- huile d'olive

Nettoyez bien tous les légumes. Ne pelez ni les aubergines ni les courgettes : coupez-les en morceaux pas trop gros. Videz les poivrons de leurs graines et découpez-les en lanières.

Faites revenir les trois légumes séparément à l'huile d'olive, avec du sel, du poivre et 1 gousse d'ail écrasée. Laissez-les cuire à feu moyen jusqu'à ce qu'ils soient bien tendres.

Pendant ce temps, préparez une sauce tomate en faisant d'abord dorer les oignons émincés, auxquels vous ajouterez les tomates pelées et coupées en morceaux, 1 gousse d'ail écrasée, le bouquet garni, du sel, du poivre. La sauce doit être épaisse et onctueuse.

Lorsque tous les légumes sont cuits, mettez-les dans une seule cocotte, en prenant soin de les égoutter auparavant pour que la ratatouille ne soit pas trop grasse. Ajoutez la sauce tomate dont vous aurez retiré le bouquet garni. Mélangez bien et laissez mijoter encore quelques minutes avant de servir.

La ratatouille peut également se manger froide.

Remarque

Si vous êtes pressé, vous pouvez faire cuire ensemble les légumes, mais dans la véritable recette niçoise, ils sont cuits séparément, et avec leur peau, comme nous l'avons indiqué ici.

Scaroles braisées à la tomate

- 2 grosses scaroles (ou 3 moyennes)
- 2 oignons
- 3 tomates
- 1 petite boîte de concentré de tomate
- 1 bouquet garni (2 brins de thym, 1 feuille de laurier, 2 brins de persil)
- 2 c. à s. d'huile
- 1 c. à c. de farine
- sel, poivre

Lavez soigneusement la scarole, coupez les feuilles en deux ou trois selon leur longueur. Émincez les oignons.

Dans une cocotte, faites revenir à l'huile les oignons. Ébouillantez les tomates pour les peler, ajoutez-les aux oignons lorsque ceux-ci sont blonds, versez le concentré, la farine, salez, poivrez.

Laissez mijoter le tout 10 minutes et mettez les feuilles de scarole. Faites-les dorer un peu, ajoutez un petit verre d'eau, puis couvrez et laissez cuire à l'étouffée 25 à 30 minutes.

Si vous voulez un plat plus nourrissant, ajoutez 4 pommes de terre rouges coupées en rondelles.

Farcis & purées

Aubergines farcies

- 6 aubergines
- 1 oignon
- 1 gousse d'ail
- 1 poivron
- 2 tomates
- 100 g de riz complet
- sel, poivre
- 1 pincée de safran
- huile
- 60 g de fromage râpé

Faites cuire le riz à l'eau salée.

Lavez les aubergines, essuyez-les, coupez-les en deux dans le sens de la longueur, sans les éplucher. Faites-les cuire dans une poêle ou au four. Lorsqu'elles sont suffisamment tendres, évidez la partie centrale avec une petite cuillère. Mettez la chair de côté.

Émincez l'oignon, écrasez l'ail, videz le poivron de ses graines et découpez-le en minces lanières, pelez et coupez les tomates en petits morceaux.

Faites revenir le tout dans une cocotte avec un peu d'huile. Dès que les oignons sont bien dorés, ajoutez le riz cuit puis la chair des aubergines écrasée. Salez, poivrez, assaisonnez d'une pointe de safran délayée dans 1 c. à c. d'eau, mélangez bien et laissez mijoter à feu très doux pendant 15 minutes.

Remplissez les moitiés d'aubergines avec cette farce, disposez-les dans un plat huilé, saupoudrez de fromage râpé et laissez gratiner quelques minutes à four chaud.

Aubergines farcies à l'indienne

pour 4 personnes

- 4 aubergines assez longues
- 500 g de pommes de terre
- 2 tomates
- 1 gros oignon
- 15 g de gingembre frais
- 1 à 2 piments verts frais
- 1/2 citron (ou 1 citron vert)
- 1 c. à c. de garam masala
- sel, poivre (ou piment)
- 4 c. à s. d'huile
- 80 g de farine de pois chiches

Faites bouillir les pommes de terre à l'eau salée. Ôtez la peau et écrasez-les. Ajoutez à cette purée du sel, du poivre ou du piment, le piment frais, le gingembre et l'oignon finement hachés, le garam masala et le jus du 1/2 citron. Mélangez bien.

Faites bouillir les aubergines jusqu'à ce qu'elles soient tendres. Coupez-les en deux dans le sens de la longueur. Creusez le centre et remplissez-le de farce aux pommes de terre.

Préparez une pâte assez fluide avec la farine et de l'eau, trempez dedans les aubergines farcies et laissez-les frire doucement dans une poêle avec de l'huile, jusqu'à ce qu'elles soient brun-doré.

Coupez les tomates en tranches que vous ferez revenir dans la même huile.

Servez les aubergines recouvertes de tranches de tomates.

Champignons farcis à l'échalote

pour 4 personnes

- 20 gros champignons de Paris
- 5 échalotes
- 3 gousses d'ail
- 50 g de beurre
- quelques brins de persil
- sel
- poivre

Choisissez des champignons dont les têtes soient assez larges. Nettoyez-les, lavez-les et essuyez-les soigneusement, séparez les queues des têtes.

Faites revenir au beurre l'ail, les échalotes et les queues de champignons hachés moyen. Salez, poivrez, et remplissez de cette farce les têtes de champignons. Posez sur chacune une petite noisette de beurre et faites cuire à four chaud pendant 10 minutes. Servez saupoudré de persil frais haché.

Chou farci aux marrons et aux champignons

- 1 beau chou vert
- 1/2 boîte de purée de marrons au naturel (250 g) (ou 250 g de purée fraîche)
- 250 g de champignons
- sel, poivre
- beurre
- huile

Faites blanchir le chou 10 à 15 minutes dans l'eau bouillante salée. Égouttez-le.

Émincez les champignons, faites-les revenir dans un mélange d'huile et de beurre. Salez, poivrez.

Faites chauffer doucement la purée de marrons avec du beurre pour la rendre onctueuse. Ajoutez les champignons revenus, mélangez bien.

Garnissez de cette farce les feuilles de chou que vous aurez séparées et doublées pour les rendre plus solides (une petite feuille dans une grande). Repliez-les de façon à former un carré et disposez-les dans un plat à gratin beurré. Posez une noisette de beurre sur chacune et laissez cuire à four moyen 30 minutes environ jusqu'à ce que les choux soient bien dorés.

Chou farci au riz

- 1 beau chou vert
- 150 g de riz
- 500 g d'oignons
- sel, poivre
- fines herbes
- huile

Lavez bien le chou, faites-le blanchir 10 minutes à l'eau bouillante salée. Égouttez le chou et effeuillez-le délicatement.

Par ailleurs, faites cuire le riz et mettez les oignons émincés à revenir dans un peu d'huile.

Préparez une farce en mélangeant le riz cuit, les oignons bien dorés et fondants, les fines herbes hachées, du sel et du poivre.

Étalez les feuilles de chou les plus larges, doublez-les d'une feuille plus petite, puis garnissez d'un petit tas de farce et repliez les feuilles de façon à former un carré, ou bien roulez-les pour obtenir un cylindre. Ficelez les feuilles farcies, ou piquez-les avec un cure-dents pour les maintenir.

Rangez-les dans une cocotte huilée et faites-les braiser 30 minutes environ, en arrosant avec un peu d'eau de cuisson ou d'huile de temps à autre.

Fleurs de courges farcies en beignets

- 16 fleurs de courge
- 150 g de riz
- sel, poivre
- muscade
- huile pour friture
- pâte à frire

Préparez une pâte à frire (recette p. 242).

Faites cuire le riz à l'eau salée. Égouttez-le, assaisonnez avec du poivre et un peu de muscade.

Remplissez chaque fleur de courge avec le riz, rassemblez l'extrémité des pétales et tournez-la légèrement afin de fermer la fleur. Trempez celle-ci dans la pâte à frire et plongez-la aussitôt dans la friture bouillante. Dès que la pâte est bien dorée, retirez la fleur avec une écumoire et déposez-la sur un papier absorbant.

Vous pouvez aussi préparer des beignets de fleurs de courges sans farce : vous apprécierez d'autant plus la saveur délicate de la fleur et sa légèreté, mais sans doute devrez-vous prévoir un plus grand nombre de fleurs.

Fonds d'artichauts « Valmiki »

Il faut au moins 2 artichauts par personne.
pour 8 artichauts

- 20 olives noires
- 500 g de pommes de terre
- 1 à 2 gousses d'ail
- quelques branches de persil
- sel, poivre
- 1 petite boîte de pâté végétal (ou un restant de pâté végétal préparé à la maison)
- huile

Prenez de beaux artichauts, effeuillez-les pour ne garder que le cœur.

Garnissez ces cœurs avec ail et persil hachés, 1 ou 2 olives dénoyautées que vous pouvez couper en morceaux, une grosse noisette de pâté végétal.

Disposez les cœurs au fond d'un plat huilé, en les intercalant avec les pommes de terre coupées en deux ou en quatre selon leur grosseur. Ajoutez 1 à 2 verres d'eau, le sel, le poivre. Couvrez et laissez cuire à l'étouffée, sur le feu ou dans le four, pendant 40 minutes.

Légumes farcis assortis

pour 4 personnes

- 2 aubergines
- 2 poivrons
- 2 courgettes
- 4 tomates
- 150 g de riz
- 150 g de pain rassis
- 25 cl de lait
- 2 beaux oignons
- 200 g de champignons
- 150 g de fromage râpé
- 2 gousses d'ail
- 2 c. à c. de persil haché
- huile
- chapelure

Faites tremper le pain concassé dans le lait chaud. Mettez à four chaud (th. 6) les courgettes (15 minutes), les aubergines et les poivrons (30 minutes), après les avoir lavés et essuyés.

Lavez les tomates, coupez un chapeau assez large, creusez l'intérieur et salez-le légèrement puis disposez les tomates sur une assiette, la partie coupée vers le bas, pour les laisser dégorger.

Pendant ce temps, faites cuire le riz à l'eau salée.

Hachez les oignons, faites-les blondir dans 2 c. à s. d'huile. Émincez les champignons et laissez-les revenir très légèrement à l'huile, avec du sel et du poivre. Mélangez oignons, champignons, les gousses d'ail écrasées, le persil haché. Divisez le mélange en deux parts égales que vous ajoutez d'une part au riz, d'autre part au pain trempé et écrasé. Ajoutez la moitié du fromage râpé à chacune de ces deux farces.

Sortez les légumes du four, coupez-les en deux dans le sens de la longueur. Videz les poivrons de leurs graines. Creusez les courgettes, recueillez la chair que vous incorporerez à la farce à base de riz.

Creusez de même les aubergines, écrasez la chair retirée, au tamis pour que les graines ne passent pas, et ajoutez-la à la farce au pain.

Remplissez de farce au pain les moitiés de poivrons et d'aubergines, de farce au riz les moitiés de courgettes et les 4 tomates évidées.

Saupoudrez tous les légumes de chapelure, arrosez-les d'un léger filet d'huile et mettez-les à four chaud (th. 6) 20 minutes. Si nécessaire, passez-les ensuite de 5 à 10 minutes au gril pour dorer le dessus.

Servez saupoudré de persil haché.

Vous pouvez déguster les farcis chauds ou froids.

Oignons surprise

- 6 très beaux oignons
- 150 g de farine
- 60 g de beurre
- 15 à 20 g de gingembre frais
- 125 g de petits pois en boîte
- piments verts frais
- sel, poivre

Épluchez les oignons et faites-les bouillir entiers dans l'eau salée, jusqu'à ce qu'ils soient tendres. Égouttez-les et creusez délicatement la partie centrale, en laissant une « enveloppe » assez épaisse pour qu'ils se tiennent.

Préparez une farce avec le gingembre et les piments très finement hachés, les petits pois et la chair des oignons écrasée. Salez, poivrez (pas trop, ou pas du tout si vous avez mis beaucoup de piments). Mélangez bien et remplissez les oignons de cette farce.

Préparez une pâte avec la farine, le beurre ramolli et un peu d'eau. Lorsque la pâte est homogène, formez 6 petites boules et aplatissez-les pour obtenir des sortes de crêpes très fines, dans lesquelles vous envelopperez les oignons. Disposez ceux-ci dans un plat à gratin beurré, enduisez la pâte de beurre (ou d'huile) et laissez-les cuire à four moyen jusqu'à ce que la pâte ait une belle couleur brun-doré.

Poivrons farcis à la crème de maïs

- 6 beaux poivrons
- 1 boîte de maïs doux (500 g)
- 100 g de fromage râpé
- sel
- poivre
- 1 c. à s. de moutarde (facultatif)

Nettoyez les poivrons, ôtez le pédoncule, coupez-les en deux dans le sens de la longueur, videz les graines. Mettez-les au gril chaud (th. 6-7) durant 20 à 30 minutes.

Pendant ce temps, égouttez le maïs, passez-le au mixeur pour obtenir une purée, à laquelle vous mélangez la moitié du fromage, le sel, le poivre et la moutarde.

Disposez les demi-poivrons dans un plat à four huilé, remplissez-les de crème de maïs assaisonnée. Saupoudrez avec le restant de fromage et remettez 20 minutes au gril pour faire gratiner.

Farcis & purées / 176

Poivrons farcis à l'estragon

- 6 gros poivrons
- 150 g de mie de pain sèche
- 2 à 3 tomates
- 100 g de champignons
- 1 à 2 gousses d'ail
- 1 bouquet d'estragon
- sel, poivre, huile
- 12 olives vertes dénoyautées (facultatif)

Lavez les poivrons et évidez-les après avoir coupé tout autour du pédoncule, puis faites-les légèrement revenir à la poêle dans très peu d'huile.

Videz les tomates de leur jus, que vous mettez à part. Hachez assez finement la chair des tomates, les champignons, les olives, l'estragon. Préparez la farce en mélangeant dans une terrine ce hachis avec la mie de pain et l'ail écrasé. Salez, poivrez, liez la farce avec un peu de jus de tomates et d'huile.

Remplissez de farce les poivrons et faites-les cuire environ 30 minutes à feu doux en les arrosant de temps à autre avec le jus de tomates restant (que vous compléterez par de l'huile si vous n'en avez pas assez). La cuisson se vérifie en piquant la chair du poivron, qui ne doit être ni trop molle ni trop ferme.

Poivrons farcis à la mode arabe

pour 4 personnes

- 8 poivrons
- 200 g de riz
- 2 tomates
- 2 c. à s. de pignons de pin (ou d'amandes effilées)
- 50 g de raisins secs blonds (Smyrne)
- 2 oignons
- 1 clou de girofle
- 2 c. à c. de coriandre en poudre
- 1/2 c. à c. de cannelle en poudre
- sel, poivre
- piment (facultatif)
- 40 g de beurre ou d'huile

Lavez les poivrons, essuyez-les, découpez tout autour du pédoncule et retirez les graines par cette ouverture. Mettez les raisins à tremper dans de l'eau tiède. Lavez rapidement le riz.

Faites fondre du beurre dans une cocotte, dès qu'il est chaud jetez-y cannelle et coriandre, le clou de girofle, une pointe de piment ; tournez rapidement, et dès que le mélange est homogène, versez-y le riz en remuant avec une cuillère de bois jusqu'à ce que tous les grains en soient bien imprégnés. Recouvrez le riz d'un peu plus de deux fois son volume d'eau chaude, salez, ajoutez dessus les tomates pelées et coupées en tranches fines. Laissez cuire à feu très doux et à couvert, jusqu'à ce que toute l'eau soit absorbée (de 15 à 20 minutes).

Pendant ce temps, faites revenir dans une poêle, avec du beurre, les oignons hachés. Quand ils sont bien fondants, ajoutez les pignons, puis les raisins égouttés, et laissez-les dorer quelques minutes en remuant sans cesse pour qu'ils ne brûlent pas.

Mélangez le tout au riz en faisant attention de ne pas briser les grains et remplissez de cette farce les poivrons que vous disposez sur une plaque huilée.

Laissez cuire à four moyen de 20 à 30 minutes.

Purée de pommes de terre aux blettes

- 1 kg de pommes de terre
- 1 kg de blettes
- 60 à 100 g de beurre
- 50 cl de lait environ
- sel
- 2 à 3 c. à s. de levure
- quelques olives vertes (facultatif)

Épluchez les pommes de terre, faites-les cuire à l'eau salée. À mi-cuisson, ajoutez les feuilles de blettes préalablement lavées.

Lorsque les pommes de terre commencent à s'effriter, passez le tout au moulin à légumes, ajoutez peu à peu le lait chaud et le beurre. Salez, poivrez, incorporez la levure et mélangez bien. Décorez le plat de purée avec des olives vertes.

Farcis & purées / 178

Purée de pommes de terre et de céleris-raves

- 6 belles pommes de terre
- 2 gros céleris-raves
- 10 cl de crème fraîche
- 50 g de beurre
- sel, poivre, noix muscade
- 60 g de gruyère ou cantal râpé (facultatif)

Épluchez céleris et pommes de terre, faites-les cuire à l'eau bouillante salée 30 minutes, séparément si possible.

Égouttez, passez les deux légumes au presse-purée et remettez la purée à feu doux. Incorporez le beurre, puis la crème. Ajoutez du poivre et de la noix muscade râpée. Laissez cuire 10 minutes en tournant et mettez un peu de fromage râpé à la fin si vous le désirez.

Purée de pommes de terre aux champignons

- 1 kg de pommes de terre
- 750 g d'oignons
- 300 à 500 g de champignons
- 80 à 100 g de beurre
- 50 cl de lait
- 1 c. à s. de crème fraîche (facultatif)
- sel, poivre
- noix muscade
- huile

Pelez les pommes de terre et faites-les cuire à l'eau salée. Pendant ce temps, émincez oignons et champignons et faites-les revenir séparément dans un peu de beurre et d'huile mélangés. Salez, poivrez. Les oignons doivent être translucides et bien fondants.

Quand les pommes de terre sont cuites, réduisez-les en purée au moulin à légumes, ajoutez le lait chaud, le beurre, la crème et la noix muscade. Battez avec un fouet puis ajoutez successivement les oignons et les champignons, mélangez bien et réchauffez la purée quelques minutes sur le feu ou dans le four avant de servir.

Purée de pommes de terre au fromage

- 1,5 kg de pommes de terre
- 400 g de fromage râpé (hollande, gruyère, cantal mélangés)
- 100 g de beurre
- 50 cl de lait ou plus
- sel
- noix muscade

Pelez les pommes de terre et faites-les cuire à l'eau salée. Quand elles sont bien cuites, égouttez-les, passez-les au presse-purée. Ajoutez à la purée le lait chaud, le beurre, la noix muscade. Battez le tout avec un fouet pour rendre la purée légère et onctueuse. Ajoutez le fromage râpé, par petites quantités, mélangez bien, battez à nouveau. Mettez la purée dans un plat allant au four et passez-la au four quelques minutes pour la faire dorer.

Servez accompagné d'une salade verte bien assaisonnée.

Purée de pommes de terre aux oignons

- 1 kg de pommes de terre
- 1 kg d'oignons
- 100 g de beurre
- 1 c. à s. d'huile
- 50 cl de lait
- sel
- poivre
- girofle en poudre
- 60 g de fromage râpé (facultatif)

Faites cuire les pommes de terre épluchées à l'eau salée.

Pendant ce temps, pelez les oignons, émincez-les assez finement et faites-les fondre doucement dans la moitié du beurre mélangé à l'huile. Quand ils commencent à ramollir, assaisonnez avec du sel, du poivre et une pincée de girofle. Rajoutez le beurre au fur et à mesure, par petites quantités, pour que les oignons ne brûlent pas.

Passez les pommes de terre cuites au moulin à légumes. Versez le lait peu à peu pour obtenir une purée crémeuse, puis ajoutez les oignons dorés et fondants avec le beurre de cuisson. Mélangez bien, vérifiez l'assaisonnement et servez la purée telle quelle, ou bien faites-la légèrement gratiner au four après l'avoir parsemée de fromage râpé.

Purée à la piperade et aux champignons

- sauce piperade (recette p. 186)
- 500 g de pommes de terre
- 15 cl de lait
- 30 g de beurre
- 200 g de champignons de Paris
- 150 g de gruyère râpé
- sel, poivre
- huile

Faites bouillir les pommes de terre à l'eau salée. Quand elles sont cuites, passez-les au moulin à légumes, ajoutez le lait et le beurre pour obtenir une purée bien onctueuse, salez encore si nécessaire.

Par ailleurs, préparez une sauce tomate piperade. Nettoyez les champignons, blanchissez-les à l'eau bouillante, essorez-les dans un linge et émincez-les.

Dans un plat à gratin huilé ou beurré, disposez : une couche de purée, une couche de piperade, une couche de champignons, etc. Terminez par la sauce. Recouvrez le tout de fromage râpé, parsemez de noisettes de beurre et laissez cuire 30 minutes environ à four chaud (th. 6).

Sauces

Ailloli

- 5 gousses d'ail
- 1 à 2 c. à c. de moutarde
- 1/2 verre de vinaigre
- 50 cl d'huile
- sel
- poivre

Pelez les gousses d'ail, écrasez-les dans un mortier. Ajoutez la moutarde, le vinaigre, le sel et le poivre. Mélangez bien avec une cuillère de bois ou un fouet, et versez l'huile par petites quantités en tournant sans arrêt, comme pour une mayonnaise. Attendez chaque fois que l'huile soit absorbée, et la sauce bien homogène, avant d'en rajouter.

L'ailloli accompagne très bien des légumes bouillis ou cuits à la vapeur (carottes, pommes de terre, etc.).

Sauce béchamel

- 50 cl de lait chaud
- 50 g de farine
- 50 g de beurre
- sel, poivre

La sauce béchamel se prépare comme la sauce blanche, en remplaçant l'eau par du lait chaud.

La quantité ci-dessus convient lorsque vous utilisez la sauce dans une farce, avec des pâtes, etc. Pour un plat à base de béchamel essentiellement (gratin de légumes, etc.) doublez les quantités.

Variantes

Selon l'usage de votre béchamel, vous pouvez y ajouter : de la muscade râpée, du gruyère ou/et du parmesan râpé (sauce Mornay), du curry, du concentré de tomate (sauce aurore), des fines herbes, de la crème fraîche, etc.

Sauce à la bergamote

- 4 à 5 feuilles de bergamote
- 1 échalote
- 1/2 citron
- 1 petit verre de vin blanc sec
- 30 g de beurre
- 1 c. à c. de farine
- sel
- poivre

Hachez fin, et séparément, les feuilles de bergamote et l'échalote.

Faites fondre doucement le beurre dans une sauteuse et mettez-y l'échalote à revenir. Lorsqu'elle est tendre, ajoutez la farine en tournant sans cesse jusqu'à ce qu'elle soit toute absorbée et gonflée. Mouillez peu à peu avec le vin blanc, puis avec le jus du demi-citron.

La sauce va prendre une consistance crémeuse, épaisse : tout en continuant à remuer, salez, poivrez, ajoutez la bergamote et laissez encore mijoter 3 à 4 minutes à feu très doux.

Sauce blanche

- 50 cl d'eau chaude
- 50 g de farine
- 50 g de beurre
- sel, poivre

Faites fondre le beurre dans une casserole, ajoutez la farine et tournez rapidement avec une cuillère de bois. Dès que le mélange commence à blondir, mouillez avec l'eau, que vous verserez par petites quantités, au fur et à mesure qu'elle est absorbée. Salez, poivrez et laissez cuire à feu très doux quelques minutes encore, jusqu'à ce que la sauce ait la consistance d'une crème épaisse, mais fluide.

Sauce aux carottes

- 4 à 5 beaux oignons
- 1 livre de carottes
- 4 à 6 gousses d'ail
- 4 c. à s. de levure diététique
- huile (ou beurre)
- sel, poivre
- thym
- laurier ou marjolaine

Faites revenir dans l'huile les oignons et l'ail coupés en tout petits morceaux. Salez, poivrez. Quand les oignons blondissent, ajoutez les carottes coupées en rondelles, une petite branche de thym et, au choix, laurier ou marjolaine.

Saupoudrez de levure et laissez cuire à feu moyen en remuant de temps à autre. Les carottes une fois cuites doivent rester un peu fermes.

On peut servir cette sauce avec riz, millet ou couscous et surtout mélangée à de la purée de pommes de terre.

Sauce à la coriandre

- 1 grosse botte de coriandre fraîche
- 2 oignons
- 1/2 noix de coco râpée
- 1 yaourt au lait entier
- sel
- 1 ou 2 petits piments verts frais (facultatif)

Épluchez les oignons, lavez-les ainsi que le piment et la coriandre dont vous ne garderez que les feuilles. Hachez le tout finement, puis achevez de broyer le mélange dans un mortier, en y ajoutant la noix de coco râpée et 1/2 ou 1 cuillerée à café de sel.

Juste avant de servir, incorporez le yaourt en remuant bien.
Cette sauce accompagne très bien des plats épicés ou des céréales.

Sauce au curry

- 1 grosse noix de beurre
- 1 c. à c. de curry
- 1 c. à s. de farine
- 2 louches de bouillon de légumes ou d'eau

Faites fondre le beurre doucement dans une casserole, ajoutez le curry, donnez un ou deux tours de cuillère puis mettez aussitôt la farine en continuant à tourner. N'attendez pas que la farine brunisse, mouillez peu à peu avec le bouillon et laissez prendre consistance quelques minutes sur le feu.

Sauces froides à base de laitages

Trois possibilités, avec de nombreuses variantes, pour assaisonner vos salades ou crudités :

Au yaourt

Délayez le yaourt avec très peu d'eau. Salez, poivrez, ajoutez, selon votre goût, cumin en poudre, menthe hachée, aneth, ou bien un peu de moutarde douce et, éventuellement, 1 c. à s. de vinaigre de vin ou de cidre.

À la crème

Battez la crème fraîche avec du jus de citron, salez, poivrez, ajoutez, selon la destination de la sauce : de la moutarde, des fines herbes hachées, du paprika ou du piment, du curry, un peu de radis noir râpé, etc.

Aux petits-suisses

Si vous préférez éviter la crème fraîche, remplacez-la par des petits-suisses entiers (ou écrémés). Procédez comme ci-dessus.

« Mayonnaise » sans œufs

- 5 c. à s. de lait concentré non sucré
- 25 cl d'huile
- 1 c. à s. de moutarde
- 2 à 3 c. à s. de jus de citron ou de vinaigre
- sel
- poivre

Mélangez dans un récipient le lait, la moutarde, le sel, le poivre. Ajoutez peu à peu l'huile en battant avec un fouet. Lorsque la mayonnaise commence à prendre, versez le jus de citron, puis le restant d'huile en continuant à battre jusqu'à la consistance normale d'une mayonnaise.

Variantes

Selon le mets qu'elle accompagne, vous pouvez incorporer à votre mayonnaise 2 c. à s. de fines herbes hachées (estragon, cerfeuil, ciboulette, etc.) ou 1 c. à s. de sauce tomate ou encore de l'ail (ou de l'échalote) finement haché.

Sauce moutarde

- 1 c. à s. de moutarde
- 1 à 2 c. à s. de vinaigre ou de citron
- 1 verre d'huile
- sel
- poivre

Mélangez le vinaigre, le sel, le poivre. Ajoutez la moutarde. Mélangez avec un fouet ou cuillère de bois, et versez peu à peu l'huile en tournant sans cesse, comme pour une mayonnaise, dont la sauce doit prendre la consistance.

Si vous préparez la sauce à l'avance, mettez-la au réfrigérateur et battez-la à nouveau juste avant de l'utiliser, pour qu'elle reprenne sa consistance.

Sauces / 186

Variante

Avant d'incorporer l'huile, ajoutez 2 gousses d'ail écrasées.

Piperade (PAYS BASQUE)

- 750 g de tomates
- 1 gros oignon
- 2 poivrons
- 3 à 6 gousses d'ail
- 6 c. à s. d'huile d'olive
- 3 brins de persil
- sel, poivre
- herbes de Provence

Plongez les tomates dans l'eau bouillante pour les peler. Coupez-les en morceaux. Videz les poivrons de leurs graines, débitez-les en fines lanières ; émincez l'oignon.

Dans une poêle, faites revenir à l'huile l'oignon et les poivrons. Quelques minutes après, ajoutez les tomates, l'ail écrasé, le persil haché, les herbes. Salez, poivrez. Laissez cuire à feu doux et à couvert environ 30 minutes, ou un peu plus si vous avez le temps.

Cette sauce peut accompagner des céréales, en particulier le millet ou le pilpil de blé.

Remarque

Si vous voulez épaissir la piperade, vous pouvez ajouter des biscottes écrasées ou de la mie de pain, en remuant bien pour obtenir une sauce homogène.

Sauce au soja pour crudités

- 1 c. à s. de levure en poudre
- 1 c. à s. de sauce de soja ou de tamari
- sel
- huile d'olive

Délayez la levure avec la sauce de soja. Salez très peu ou pas du tout. Versez l'huile d'olive doucement en tournant comme pour une mayonnaise.

Sauce pour spaghettis (CANADA)

- 2 oignons moyens
- 4 à 5 gousses d'ail
- 4 branches de céleri
- 1 poivron vert
- 500 g de champignons de Paris (ou de bolets)
- 2 à 3 carottes
- 5 poireaux
- 7 brocolis (les tiges seulement)
- 10 olives noires
- 1 boîte de 1 kg de tomates entières pelées au jus
- 1 petite boîte de concentré de tomate
- 1 boîte de 250 g de purée de tomates
- 1/2 boîte ou bouteille de jus de tomates et de légumes mélangés (facultatif)
- 1 bouquet de persil
- 1 branche de thym
- 2 feuilles de laurier
- 4 petits piments secs forts (« langue d'oiseau »)
- sel, poivre, une pointe de basilic et d'origan
- 1 c. à s. de miel
- fécule de maïs
- huile

Nettoyez tous les légumes, hachez séparément les oignons, l'ail, le persil, les olives dénoyautées. Émincez les champignons, le poivron, coupez les tiges de brocolis et les carottes en rondelles, les céleris et les poireaux en petits morceaux.

Faites revenir dans l'huile oignons, céleris, poivron ; quand les oignons sont devenus fondants et translucides, ajoutez carottes, poireaux et brocolis. Laissez cuire environ 10 minutes puis ajoutez le contenu de toutes les boîtes de tomates. Remuez, mettez les herbes et les épices, salez, poivrez. Couvrez et laissez mijoter 30 minutes minimum. Ajoutez alors les champignons crus, l'ail et les olives, le miel. Laissez encore mijoter 10 minutes.

Seulement au moment de servir, vous pouvez ajouter un peu de fécule de maïs pour épaissir la sauce.

Sauce « sultan » (MAROC)

- 80 à 100 g de beurre
- 500 g de raisins blonds secs (Smyrne)
- 5 oignons moyens
- sucre, sel, cannelle
- 1 petite pincée de safran

Mettez les raisins à tremper dans un bol d'eau tiède au moins 30 minutes à l'avance.

Émincez très finement les oignons. Faites-les revenir dans le beurre. Quand ils sont très fondus et très blonds, ajoutez les raisins égouttés. Laissez-les bien gonfler dans la sauce, qui doit être onctueuse. Ajoutez du sel et du sucre à votre goût, beaucoup de cannelle, une pincée de safran, juste pour colorer la sauce.

La sauce « sultan » accompagne le couscous, mais vous pouvez aussi la servir avec une céréale (blé, riz, millet, etc).

Sauce tomate aux carottes et à la muscade

- 750 g de carottes
- 6 oignons
- 1/2 boîte de concentré de tomate
- 1 l environ de bouillon de légumes ou de tisane de thym
- sel, poivre
- noix muscade
- thym, laurier, romarin
- basilic en poudre
- huile

Nettoyez, râpez les carottes. Émincez les oignons. Dans une grande poêle, faites revenir à l'huile les oignons, que vous assaisonnerez avec sel, poivre, noix muscade, et les herbes.

Quand les oignons commencent à blondir, ajoutez les carottes râpées. Laissez-les s'imprégner d'huile aromatisée durant quelques minutes, puis transvasez le tout dans une cocotte. Versez le concentré de tomate et mouillez avec le bouillon ou la tisane. Laissez mijoter 1 heure minimum (et jusqu'à 3 heures si vous le pouvez) en vérifiant l'assaisonnement en cours de cuisson. Au besoin, rajoutez un peu de muscade.

Cette sauce accompagne les céréales, les pommes de terre entières ou en purée et, si vous augmentez les quantités, peut constituer un plat à elle seule.

Sauce tomate au gingembre (INDE)

- 2 kg de tomates bien mûres
- 100 g de sucre
- 6 cl de vinaigre de vin
- 1 c. à s. de sel
- 1 c. à s. de piment rouge en poudre
- 1 à 2 gousses d'ail
- 10 g de gingembre frais

Hachez très fin l'ail et le gingembre, mélangez-les dans une tasse avec le vinaigre.

Ébouillantez les tomates, ôtez la peau et écrasez la pulpe avec le jus.

Dans une sauteuse à fond double ou épais, mélangez les tomates écrasées, le vinaigre avec l'ail et le gingembre, salez, pimentez et faites mijoter à feu doux en remuant de temps à autre.

Quand la sauce a réduit de moitié, versez le sucre et laissez épaissir.

Vous pouvez utiliser la sauce telle quelle ou la passer au tamis.

Sauce tomate pimentée

- 1 kg de tomates
- 2 oignons
- 2 gousses d'ail
- 1 bouquet garni
- 3 c. à s. d'huile
- sel, poivre
- 1/2 à 1 c. à c. de piment rouge fort en poudre
- 30 g de beurre
- 15 g de farine

Lavez les tomates, coupez-les en morceaux. Mettez-les dans une casserole avec l'huile et ajoutez les oignons coupés menu, l'ail écrasé, le sel, le poivre, le piment, le bouquet garni. Laissez cuire 30 minutes à feu moyen, puis passez la sauce au tamis ou au moulin à légumes.

Dans une casserole, préparez un roux blond avec le beurre et la farine, mouillez-le avec la purée de tomates que vous ajouterez petit à petit. Goûtez : si la sauce est un peu acide, ajoutez 1 ou 2 morceaux de sucre.

Sauce tomate aux raisins

- 1 kg de tomates
- 100 g de sucre (roux si possible)
- 1 1/2 citron
- 125 g de raisins secs (Smyrne ou Californie)
- 1 c. à c. de sel environ
- 1 c. à c. de piment rouge

Lavez les raisins, mettez-les à tremper dans un bol d'eau tiède.

Coupez les tomates en petits morceaux, laissez-les mijoter à feu doux avec 3 verres d'eau et le sel durant 1 heure.

Passez-les au tamis et remettez le jus épais ainsi recueilli dans une casserole. Portez à ébullition puis baissez et laissez cuire doucement en ajoutant le piment, les raisins égouttés, le jus des citrons, encore un peu de sel si nécessaire. Remuez quelques minutes, versez le sucre et faites réduire à feu doux jusqu'à ce que la sauce ait une consistance épaisse.

Vinaigrette

- 3 c. à s. d'huile
- 1 c. à s. de vinaigre
- sel
- poivre

Mélangez d'abord le vinaigre, le sel, le poivre. Ajoutez l'huile et tournez bien pour mélanger.

C'est l'assaisonnement le plus simple et le plus rapide pour toutes les salades et crudités. Il en existe de nombreuses variantes :

« Vinaigrette » au citron
Remplacez le vinaigre par du jus de citron (pour carottes râpées, endives, salades vertes, etc.).

Vinaigrette à la moutarde
Mélangez au vinaigre de la moutarde (1 à 2 c. à c. selon votre goût).

Vinaigrette aux herbes
Incorporez à la vinaigrette 1 c. à s. de fines herbes hachées (au choix : estragon, persil, cerfeuil, basilic, etc.). Selon la destination de la sauce, vous utiliserez une seule sorte d'herbe, ou au contraire un mélange. Vous pouvez aussi ajouter de l'oignon finement haché.

Vinaigrette à l'ail
Ajoutez à la vinaigrette 1 ou 2 gousses d'ail hachées très fin. Là encore vous pouvez varier : ail et oignon, ou ail et échalote, etc.

Condiments & chutneys

Artichauts marinés à l'huile d'olive (PROVENCE)

- 12 petits artichauts violets
- 50 cl de vinaigre
- 50 cl d'eau
- 1 branche de thym
- quelques feuilles de laurier
- 2 à 3 gousses d'ail
- sel
- poivre en grains
- huile d'olive

Choisissez de beaux petits artichauts violets, lavez-les et coupez juste la pointe des feuilles.

Mettez à bouillir l'eau et le vinaigre avec thym, laurier, ail, sel et poivre. Faites blanchir les artichauts 5 minutes dans ce bouillon.

Après avoir égoutté les artichauts, disposez-les sur un torchon où vous les laisserez sécher toute une nuit.

Le lendemain, mettez-les dans un bocal et recouvrez-les d'huile d'olive. Laissez mariner 15 jours minimum.

Les artichauts ainsi préparés se conserveront plusieurs semaines. Vous pourrez les servir en entrée.

Aubergines piquantes

- 1 kg d'aubergines
- 4 c. à s. de piments rouges écrasés (ou en poudre)
- 1 tête d'ail entière
- 1 tasse de vinaigre

- 1 c. à s. de carvi noir
- 1 c. à s. de poivre noir moulu
- 1 c. à s. de curcuma
- 2 c. à s. de graines de moutarde noire
- 4 c. à s. de sel
- 25 g de gingembre
- 2 tasses d'huile (d'arachide ou de tournesol)

Le matin :

Lavez les aubergines, coupez-les en cubes, roulez-les dans du sel fin, étalez-les sur un plateau autant que possible au soleil et laissez-les ainsi pendant 12 heures.

Le soir :

Dans un mortier, pilez ensemble l'ail épluché, le gingembre, les graines de moutarde et de carvi, puis délayez le tout avec le vinaigre. À défaut de mortier, utilisez un moulin à café électrique, ou un mixeur à petite vitesse.

Égouttez les aubergines, pressez-les dans vos mains pour bien en faire sortir toute l'eau. Roulez-les alors dans le curcuma, le piment rouge, le poivre et dans le mélange d'épices au vinaigre. Mettez-les dans un pot de verre, versez dessus l'huile, de façon qu'elles soient recouvertes, fermez.

Laissez le pot au soleil. Chaque jour, secouez-le, ouvrez-le et remuez l'intérieur. Les aubergines seront prêtes à être consommées au bout d'une semaine.

Beurre de sésame

Pour donner du goût au beurre végétal, vous pouvez le préparer de la façon suivante. Il est avantageux d'en préparer une grande quantité à l'avance, nous indiquons donc les proportions pour 1,5 kg de beurre végétal.

Faites griller les grains de sésame à sec dans une poêle, en tournant constamment pour ne pas les laisser brûler. Ils vont prendre une belle couleur or plus ou moins nuancée de rouge.

195 / **Condiments & chutneys**

Les grains sont ensuite moulus au moulin à café électrique (il en faut la valeur de 2 moulins), ou écrasés au pilon dans un mortier.

Pétrissez le beurre végétal avec le sésame en poudre et une cuillère à café de sel fin jusqu'à ce que le mélange soit homogène.

Ce beurre fera de délicieuses tartines.

« Champignons » d'aubergines

- aubergines
- sel
- aiguille et fil

Lavez les aubergines et coupez-les en rondelles minces, sans les peler. Saupoudrez de sel et laissez dégorger 3 à 4 heures.

Essuyez les rondelles avec un linge propre ou un papier absorbant puis enfilez-les sur un fil solide, légèrement espacées les unes des autres.

Suspendez le fil dans un endroit aéré, sec et à l'ombre. Laissez les aubergines se déshydrater : le nombre de jours varie avec la température du lieu et l'épaisseur des rondelles. Lorsque celles-ci sont complètement sèches, retirez le fil et mettez-les dans un emballage étanche (boîte en métal ou autre).

En les faisant tremper quelques minutes à l'avance, vous pourrez les utiliser de la même manière que les champignons, dont elles ont le goût, à s'y méprendre : pour agrémenter une sauce, un plat de légumes ou de céréales ou, tout simplement, en les faisant revenir à l'huile avec un peu d'ail et de persil.

Dattes pimentées

- 1 boîte de dattes (125 g)
- 50 g de tamarin
- 2 à 4 piments « langue d'oiseau » séchés
- 250 à 300 g de sucre roux
- 50 g d'amandes émondées et effilées
- sel, piment en poudre

Faites tremper 1 heure le tamarin dans un bol d'eau chaude. Pendant ce temps, dénoyautez les dattes.

Recueillez l'eau teintée de tamarin dans une casserole (à travers un tamis) et pressez le tamarin entre vos doigts pour en faire sortir tout le jus.

Faites cuire ce jus 5 à 10 minutes avec le sucre, le sel, les piments entiers et le piment en poudre, puis ajoutez les dattes et les amandes. Laissez épaissir le mélange.

Une fois refroidi, mettez dans un bocal. Ce condiment se conserve plusieurs semaines.

Marinade

La quantité d'ingrédients varie selon la taille du bocal ; c'est pourquoi nous ne l'indiquons pas ici de façon précise. Il vous faut :

- des oignons
- des feuilles de laurier
- du thym en branches
- du sel de mer fin
- du poivre noir en grains
- de la coriandre en grains
- du vinaigre de vin (ou du vin blanc sec ou du vin rouge sec)

Dans un gros bocal, étalez par couches successives :
— les oignons coupés en tranches,
— le légume que vous désirez faire mariner : cornichons entiers, ou chou vert découpé en lanières, ou bouquets de chou-fleur...

Salez, poivrez, mettez quelques grains de poivre et de coriandre, une petite branche de thym, une feuille de laurier.

Recommencez jusqu'à mi-bocal et finissez de remplir avec le vinaigre ou le vin de votre choix. Couvrez, attendez 2 jours avant de consommer.

La marinade peut se conserver plusieurs jours dans un endroit frais ou au réfrigérateur.

Facultatif :

Vous pouvez ajouter à la marinade quelques piments « langue d'oiseau » et quelques morceaux de carotte.

Mélange royal

- 150 g de raisins blonds secs (Smyrne)
- 150 g de raisins de Corinthe
- 100 g de noix de cajou
- 100 g de pignons de pin
- 60 g de beurre environ

Mettez les raisins de Smyrne à tremper dans de l'eau tiède 20 minutes à l'avance. Lavez simplement les raisins de Corinthe, sans les faire tremper.

Dans une sauteuse ou une poêle assez large, faites revenir les noix de cajou dans un peu de beurre. Remuez sans cesse pour éviter qu'elles ne brûlent. Quand elles dorent, ajoutez les pignons de pin, puis les raisins de Corinthe. Laissez-les rôtir à leur tour en continuant à tourner, et en remettant du beurre au fur et à mesure. Terminez par les raisins de Smyrne bien égouttés.

Retirez du feu lorsque les raisins sont gonflés et dorés, les noix de cajou et les pignons légèrement bruns.

Présentez le mélange dans un bol ou une saucière, pour accompagner « pulao », currys, céréales, couscous, ou incorporez-le directement à un plat de riz.

Oignons au vinaigre

- 1 botte de petits oignons blancs nouveaux
- 30 g de sel
- 25 cl de vinaigre de cidre
- 1 c. à c. de poivre noir
- 1 c. à c. de clous de girofle

Épluchez les oignons, saupoudrez-les avec tout le sel et laissez-les toute la nuit.

Le lendemain, lavez-les et laissez-les égoutter. Faites bouillir le vinaigre pendant 10 minutes avec les épices, puis ajoutez les oignons égouttés et laissez encore bouillir 5 minutes.

Retirez les oignons, mettez-les dans un bocal et recouvrez-les de vinaigre. Attendez que tout soit bien froid pour fermer le bocal.

Condiments & chutneys / 198

Purée de pomme au piment

- 1 banane
- 1 pomme
- 1 à 2 petits piments séchés « langue d'oiseau »

Pilez la pulpe de la banane et de la pomme, ou réduisez-les en purée au mixeur, à vitesse moyenne. Ajoutez le piment écrasé, mélangez bien.

Voilà une sauce rapide et simple pour agrémenter un repas impromptu. Elle se consomme comme un chutney : ne la mélangez pas aux aliments, mais prenez-en 1 ou 2 cuillères à côté d'un plat de céréales ou de légumes.

Un chutney est une purée de fruits ou de légumes préparée avec certaines épices ; il peut être sucré et piquant, ou salé et piquant, ou doux et pimenté à la fois... Il accompagne légumes ou céréales : on en prend une cuillerée sur le bord de son assiette, comme on ferait avec la moutarde par exemple.

Chutney de bananes (1)

à préparer 12 heures à l'avance

- 6 bananes
- 6 c. à s. de sucre
- une boule de tamarin grosse comme une noix
- 1 c. à c. de poivre noir
- 1/2 à 1 c. à c. de piment fort en poudre
- 1/2 noix de muscade râpée
- 2 à 3 c. à c. de cannelle en poudre
- 1/2 c. à c. de gingembre en poudre

Faites tremper la boule de tamarin dans 6 cuillerées à soupe d'eau et laissez macérer 12 heures.

Le lendemain, écrasez les bananes pour former une purée. Ajoutez le sucre, puis le jus de tamarin filtré au tamis ou à travers une passoire fine. Puis incorporez successivement la cannelle, la noix muscade râpée finement, le poivre, le piment, le gingembre.

Attention : chaque ingrédient doit être ajouté séparément. Ce n'est que lorsque le mélange est bien homogène que l'on ajoute l'épice suivante.

Ce chutney se conserve hors du réfrigérateur une bonne semaine. Mais il vaut mieux le consommer tout de suite ou, au mieux, 2 jours après la préparation. Au-delà, certaines épices dominent et changent le goût du chutney.

Chutney de bananes (2)

- 6 bananes
- 6 c. à s. de sucre
- 5 c. à c. de sauce de soja (sombre)
- 1/2 c. à c. de girofle en poudre
- 1/2 c. à c. de curcuma
- 1/2 à 1 c. à c. de gingembre
- 1/2 noix muscade râpée
- 1 c. à s. de cannelle
- 1/2 à 1 c. à c. de piment fort en poudre
- 1 c. à s. rase de cumin en poudre
- poivre (facultatif)

Procédez de la même façon que pour le « chutney de bananes 1 », en remplaçant le jus de tamarin par la sauce de soja, qui a l'avantage de se trouver plus facilement et d'être utilisable tout de suite.

Ajoutez les épices dans l'ordre où elles sont données ci-dessus.

Ce chutney accompagne riz, céréales, pommes de terre vapeur, beignets de légumes, crêpes, etc.

Remarque

C'est à vous d'ajuster, avec l'habitude et selon votre goût, le dosage des épices, en mettant plus ou moins de piment, de gingembre, etc.

Chutney de mangues

- 250 à 300 g de mangues fraîches, aussi vertes que possible
- 150 g de sucre
- 1 c. à s. d'huile
- 1 c. à c. de grains d'anis
- 2 piments secs « langue d'oiseau »
- sel

Pelez les mangues et faites-les cuire dans de l'eau bouillante jusqu'à ce que leur chair soit bien tendre. Écrasez leur pulpe. Conservez les noyaux.

Dans une sauteuse, faites chauffer l'huile et mettez-y à revenir les grains d'anis et les piments, puis la purée de mangues. Ajoutez le sucre, le sel et les noyaux. Laissez cuire à feu doux jusqu'à consistance épaisse.

Chutney de melon

- 1 beau melon mûr et parfumé
- 100 g de raisins blonds secs
- 30 g de beurre (ou 3 c. à s. d'huile d'arachide)
- 2 piments secs « langue d'oiseau »
- 1 c. à c. de graines de carvi
- 1/2 à 1 c. à c. de cumin en poudre
- 2 c. à c. de cannelle en poudre
- 1 c. à c. de coriandre en poudre (facultatif)
- 1 c. à c. de gingembre en poudre
- 1/2 c. à c. de curcuma
- 1/2 noix muscade râpée
- 5 clous de girofle
- 100 g de sucre en poudre
- 1 c. à s. de miel
- poivre noir

Faites tremper les raisins secs dans l'eau tiède 30 minutes à 1 heure à l'avance.

Nettoyez le melon, ôtez sa peau, videz les graines et coupez-le en petits dés.

Dans une sauteuse émaillée ou une cocotte, mettez à chauffer le beurre, jetez-y les graines de carvi et les piments écrasés au préalable. Si vous n'aimez pas trop piquant, utilisez 1 seul piment au lieu de 2. Laissez crépiter le mélange quelques instants en tournant avec une cuillère de bois, puis ajoutez le cumin. Tournez encore et quand le mélange est bien fumant, mettez-y les raisins égouttés, que vous laisserez gonfler et dorer (mais pas brûler) quelques minutes, puis versez les cubes de melon avec leur jus. Tout en continuant à remuer, ajoutez successivement le curcuma, les clous de girofle, la cannelle, le gingembre, la coriandre, une pincée de poivre, la noix muscade râpée, enfin le sucre et le miel.

Laissez frémir à feu doux 30 minutes environ en tournant de temps à autre.

Ce chutney est aussi savoureux chaud que froid. Mais il dégagera toute sa saveur si vous le dégustez le lendemain.

Chutney à la menthe (1)

- 1 grosse botte de menthe fraîche
- 30 g de noix de coco râpée (fraîche si possible)
- 1 bille de tamarin
- 2 petits piments verts frais ou 3 c. à c. de poivre noir
- 1/2 c. à c. de sel
- 2 c. à s. d'huile

Lavez les feuilles de menthe puis écrasez-les dans un mortier jusqu'à obtenir une sorte de pâte. Ajoutez les piments coupés en petites rondelles ou le poivre noir, la noix de coco, le sel, le tamarin débarrassé de ses fibres et graines. Pilez le tout et ajoutez l'huile pour lier.

Chutney à la menthe (2)

- 1 grosse botte de menthe fraîche
- 3 c. à c. de poivre noir (ou 2 piments verts)
- 1 bille de tamarin (facultatif)
- 1/2 c. à c. de sel
- 1/2 citron
- 1 pincée de sucre

Procédez comme pour le « chutney à la menthe 1 », en pilant ensemble tous les ingrédients. Au lieu d'huile, liez avec 2 à 3 c. à s. de jus de citron.

Condiments & chutneys / 202

Chutney à la noix de coco

- 1/2 noix de coco
- 1 botte de coriandre fraîche
- 2 citrons
- 12 petits piments verts
- 1 c. à s. de graines de sésame
- sel

Lavez et équeutez la coriandre.

Râpez la chair de la noix de coco et faites-la rôtir au four, mélangée au sésame. Quand elle est légèrement dorée, broyez le tout dans un mortier, ou un mixeur électrique, avec les feuilles de coriandre et les piments verts. Ajoutez le jus des citrons, salez.

Chutney aux oignons

- 4 à 5 gros oignons
- 150 g de noix de coco râpée (fraîche si possible)
- 20 g de beurre
- 3/4 c. à c. de sel
- 5 piments « langue d'oiseau »
- 1 morceau de tamarin de la grosseur d'une noisette

Faites griller les oignons entiers au four (ou sous la cendre, si vous avez une cheminée). Retirez la peau brûlée.

Dans le beurre très chaud, faites frire les piments fendus en deux. Écrasez ensemble les oignons grillés, les piments frits, le tamarin dont vous aurez ôté au préalable fibres et graines ; ajoutez le sel puis la noix de coco râpée et travaillez jusqu'à obtenir une pâte bien homogène.

Ce chutney est particulièrement savoureux avec des légumes.

Chutney au yaourt

- 2 pots de yaourt un peu aigre (1 bol environ)
- 1 c. à c. de graines de moutarde
- sel
- piment fort et piments verts hachés, au goût
- 1 c. à c. d'huile

Condiments & chutneys

Battez le yaourt.

Faites chauffer l'huile dans une poêle pour y faire frire les graines de moutarde. Quand elles ont fini d'exploser, ajoutez-y le yaourt, le sel et le piment.

Retirez du feu et servez ce chutney avec des crêpes.

Raitas

Les raitas sont des préparations froides à base de yaourt salé et assaisonné avec certaines épices, dans lequel on incorpore un légume (ou un fruit) qui va donner sa « couleur » à la préparation. Il s'agit bien de couleur en effet, car ici les saveurs vont de pair avec les teintes : verte avec le concombre et la menthe ou le cumin, rouge avec la tomate et le piment rouge, jaune orangé avec les carottes alliées au curcuma...

Les raitas ne sont ni des salades, ni des sauces, ni des plats isolés : ils accompagnent en général un assortiment de riz et de mets de légumes épicés et leur fraîcheur tempère agréablement le piquant d'un curry. Chacun en prend un peu dans un coin de son assiette, à côté des autres préparations et le savoure en même temps (sans toutefois le mélanger).

Pour les végétariens d'Occident, une belle et bonne habitude à adopter : elle apporte couleur et variété dans le repas, une façon raffinée de consommer sa « ration » de produits laitiers.

Raita à l'aubergine

- 4 yaourts
- sel, poivre noir
- 1 aubergine
- 1 c. à c. de cumin en poudre
- 1 à 2 brins de coriandre fraîche ou de persil
- 1 petit piment vert (facultatif)

Faites griller l'aubergine jusqu'à ce qu'elle soit tendre. Hachez la chair finement.

Battez le yaourt, ajoutez du sel et les épices puis l'aubergine. Parsemez de coriandre ou de persil haché.

Raita aux carottes

- 4 yaourts
- 2 carottes moyennes
- sel, poivre ou piment
- 1/2 c. à c. de curcuma
- 1/2 c. à c. de coriandre
- 1 pincée de curry (facultatif)

Brassez le yaourt, ajoutez du sel, du poivre ou du piment et les épices.

Choisissez les carottes aussi tendres et parfumées que possible. Râpez-les assez fin et mélangez-les au yaourt.

Décorez le dessus de quelques arabesques tracées à l'aide de poivre noir et de curcuma.

Raita au concombre (1)

- 4 yaourts
- 1 concombre moyen (ou 1/2 s'il est très long)
- sel, poivre
- 1 pincée de cumin en poudre
- 2 c. à c. de graines de carvi

Pelez le concombre, fendez-le en deux, saupoudrez-le de sel et laissez dégorger 30 minutes. Égouttez-le bien et retirez les graines.

Battez le yaourt avec une fourchette pour le rendre bien lisse. S'il est très épais, ajoutez un peu d'eau. Salez, poivrez, ajoutez le concombre râpé ou coupé en tout petits dés, puis le cumin et les graines de carvi. Mélangez bien.

Au moment de servir, saupoudrez de graines de carvi.

Raita au concombre (2)

- 4 yaourts
- 1 concombre moyen
- sel
- poivre
- 1 c. à c. de graines de carvi
- quelques feuilles de menthe fraîche
- 1 petit oignon (facultatif)

Procédez comme ci-dessus, en ajoutant le concombre râpé ou coupé menu au yaourt battu. Incorporez les épices, la menthe et l'oignon finement hachés. Mélangez bien, décorez avec quelques feuilles de menthe entières.

Raita aux fruits

- 4 yaourts
- 1 petite banane
- 1 petite pomme
- 50 g de raisins secs
- 1 c. à c. de sucre
- sel et poivre (facultatif)

C'est un raita inhabituel, mais essayez-le... surtout si vous aimez les mélanges salé-sucré.

Battez le yaourt avec le sucre, du sel et du poivre. Vous pouvez même ajouter une pointe de piment ! Ajoutez les bananes coupées en minces rondelles, les pommes pelées et émincées, les raisins lavés au préalable. Mélangez bien, garnissez le dessus avec quelques tranches de pomme et de banane très légèrement épicées.

Raita à la menthe et à l'oignon

- 4 yaourts
- quelques feuilles de menthe fraîche
- 1 petit piment vert
- 1 petit oignon
- sel

Battez le yaourt, salez-le. Ajoutez l'oignon, le piment et la menthe finement hachés, en réservant quelques feuilles entières pour décorer le dessus.

Si le piment vert est trop fort à votre goût, remplacez-le par un peu de poivre.

Raita aux pommes de terre

- 4 yaourts
- 1 à 2 pommes de terre bouillies
- sel, poivre
- 1/2 c. à c. de graines de moutarde
- 1/2 c. à c. de cumin en poudre
- beurre

Faites griller les graines de moutarde dans très peu de beurre. Lorsqu'elles ont fini d'éclater, retirez-les de la poêle, laissez-les s'égoutter sur du papier absorbant.

Écrasez les pommes de terre ou coupez-les en tout petits dés. Battez le yaourt, salez, poivrez, ajoutez les graines de moutarde et le cumin, puis les pommes de terre. Mélangez bien et servez saupoudré d'une pincée de cumin.

Variante

Vous pouvez remplacer le cumin par du piment fort. Dans ce cas, ne mettez pas de poivre.

Raita à la tomate

- 4 yaourts
- sel
- piment rouge
- poivre noir
- paprika (facultatif)
- 1 petit oignon (facultatif)
- 2 tomates moyennes

Battez le yaourt dans un saladier, salez, ajoutez une pointe de piment et un peu de paprika si vous en aimez le goût, puis l'oignon haché très fin. Pelez les tomates, videz le jus et les graines, hachez très finement la pulpe, ou coupez-la en petits dés, et incorporez-la au yaourt. Mélangez bien et avant de servir saupoudrez de paprika (ou de piment rouge) et de poivre noir.

Desserts

Blanc-manger (MARTINIQUE)

- 2 noix de coco
- 1 boîte de lait concentré sucré (397 g)
- 1 1/2 boîte d'eau
- 30 g de gélatine alimentaire
- cannelle et vanille en poudre
- le zeste d'un citron vert (ou de 1/2 citron jaune)

Percez les noix de coco, videz tout le liquide dans une casserole et mélangez-le avec le lait concentré. Ajoutez l'eau, en utilisant comme mesure la boîte de lait vide que vous remplissez une fois et demie. Faites tiédir à feu doux en tournant sans cesse.

Par ailleurs, faites fondre la gélatine dans un peu d'eau, sur le feu, puis mélangez-la au lait tiédi. Ajoutez le zeste de citron râpé, cannelle et vanille. Versez la crème dans une jatte ou un moule que vous laisserez 20 minutes dans le congélateur, avant de le mettre dans la partie basse de votre réfrigérateur.

Crème aux bananes

- 12 petits-suisses à 60 % de m.g.
  (ou 6 à 60 % et 6 à 40 % si vous craignez pour votre ligne)
- 6 bananes
- 100 g de raisins blonds secs
- 100 à 150 g de poudre d'amandes (ou d'amandes fraîchement moulues)
- 150 g de sucre
- 1 c. à c. de cardamome en poudre

Épluchez les bananes et écrasez-les dans une assiette ou dans une jatte. Mettez les petits-suisses dans un grand saladier, battez-les quelques secondes à la fourchette pour obtenir une crème bien onctueuse. Ajoutez le sucre, puis la poudre d'amandes, les bananes écrasées, les raisins que vous aurez fait tremper au préalable et la cardamome. Tournez énergiquement le tout pour rendre le mélange bien homogène.

Garnissez le dessus de la crème avec quelques amandes effilées ou mieux, avec quelques pétales de roses roses...

Crème de groseilles à maquereau

- 1,5 kg de groseilles à maquereau
- 200 à 300 g de sucre, selon l'acidité des fruits
- 2 verres d'eau
- 12 cl de crème fraîche

Faites cuire les groseilles lavées et équeutées dans une casserole avec l'eau et le sucre. Retirez-les de l'eau dès qu'elles remontent à la surface et écrasez-les au tamis pour que ni peau ni graines ne passent.

Laissez refroidir la purée de groseilles, qui va s'épaissir. Rajoutez un peu de sucre si besoin est. Avant de servir, incorporez la crème fraîche et laissez quelques minutes au réfrigérateur.

Crème de pruneaux à l'orange

à préparer la veille
- 500 g de pruneaux
- 3 à 5 oranges selon la taille
- 150 g de sucre

Faites tremper les pruneaux la veille dans de l'eau tiède : ils doivent être juste recouverts.

Le lendemain, dénoyautez les pruneaux, passez leur chair à la moulinette avec l'eau de trempage. Ne rajoutez l'eau que petit à petit, la crème ne doit pas être trop liquide. Épluchez les oranges, ôtez la peau blanche intérieure et passez la pulpe à la moulinette dans la crème de pruneaux. Mélangez bien le tout et sucrez si vous le désirez, mais cette crème est aussi très savoureuse telle quelle.

Desserts

C'est un excellent remède en cas de constipation.

Vous pouvez aussi faire tremper les pruneaux dans du thé (de Ceylan, ou Assam, Orange Pekoe...).

Charlotte rapide

- 1 1/2 boîte de biscuits à la cuillère
- 1 l de lait
- 2 sachets de flan aux algues au parfum de son choix
- 1 boîte ou bocal de 1 kg de fruits au sirop mélangés

Égouttez les fruits, dénoyautez si nécessaire, conservez à part le sirop. Tapissez les parois et le fond d'un moule à charlotte de biscuits à la cuillère, que vous trempez rapidement dans le sirop des fruits.

Préparez le flan aux algues avec le lait et la poudre en suivant le mode d'emploi. Laissez à peine refroidir et versez de ce liquide encore chaud sur les biscuits disposés dans le moule. Alternez des couches de fruits au sirop et de biscuits trempés, arrosez de flan à chaque fois. Terminez par une couche de biscuits et versez le flan restant. Pressez le dessus avec une assiette et un poids pas trop lourd. Dès que la charlotte est refroidie, mettez-la au réfrigérateur pendant 2 à 3 heures.

Démoulez, servez frais ou glacé.

Délice des princes (INDE)

à préparer la veille

- 4 l de lait
- 12 tranches de pain de mie
- 450 g de sucre
- 1 tasse d'amandes et de raisins secs
- 2 tasses de crème épaisse
- 1 tasse de beurre fondu
- 1 tasse d'eau
- 1 c. à s. de safran en poudre
- 1/2 c. à c. de noix muscade râpée et de cardamome en poudre

Ce dessert très riche (et peu économique) était l'un des mets favoris des princes de Hyderabad, dans le sud de l'Inde.

Coupez en deux les tranches de pain et retirez-en la croûte. Faites-les frire dans le beurre fondu jusqu'à ce qu'elles soient brunes et craquantes. Retirez du feu. Faites bouillir le lait avec la crème, jusqu'à ce qu'il soit réduit à 2 l (surveillez-le pour qu'il ne verse pas !). Pendant ce temps, préparez un sirop avec le sucre et l'eau. Dans le lait réduit et chaud, versez doucement le sirop, ajoutez le safran délayé dans 1 cuillère d'eau. Mettez ensuite le pain dans le mélange obtenu et saupoudrez de cardamome et de muscade. Laissez tremper pendant 12 heures.

Au moment de servir, parsemez de raisins et d'amandes que vous aurez fait légèrement revenir dans le beurre.

Pamplemousses au fromage blanc

pour 6 personnes
- 3 beaux pamplemousses (roses de préférence)
- 400 g de fromage blanc
- 1 sachet de sucre vanillé (ou de vanille en poudre)
- 150 g de sucre roux
- 50 g d'amandes effilées
- 6 cerises confites

Lavez les pamplemousses, coupez-les en deux, videz-les de leur chair que vous passez à la moulinette.

Dans un saladier, mettez le fromage blanc et délayez-le avec la purée de pamplemousse jusqu'à ce qu'il soit bien lisse, sans être liquide. Ajoutez le sucre et le sucre vanillé.

Remplissez de fromage les demi-pamplemousses, garnissez le dessus d'une cerise confite autour de laquelle vous piquez quelques amandes effilées. Servez frais.

Salade d'oranges au vin blanc

à préparer 1 ou 2 jours à l'avance
- 6 belles oranges
- sucre en poudre
- vin blanc sec ou moelleux

Desserts

Pelez les oranges, coupez-les en tranches dans un saladier assez large. Sucrez, recouvrez de vin blanc et laissez macérer 24 ou 48 heures. Servez frais.

Sorbet exotique

pour 4 personnes
- 2 bananes
- 2 papayes
- 2 citrons verts
- 150 g de sucre

Passez au mixeur la chair des fruits et le sucre puis laissez prendre dans le compartiment à glace.

Facultatif : vous pouvez ajouter un doigt de rhum.

Bananes fondantes

- 8 bananes
- 60 g de beurre
- 100 g de raisins de Corinthe
- 100 g de raisins blonds secs (Smyrne)
- sucre (facultatif)

Faites gonfler les raisins dans l'eau tiède 30 minutes à l'avance.

Épluchez les bananes, coupez-les en deux dans le sens de la longueur, puis en 2 ou 3 morceaux. Faites chauffer le beurre doucement dans une grande poêle ; dès qu'il fond, mettez-y les bananes et augmentez le feu quelques minutes afin qu'elles dorent bien, puis ajoutez les raisins et laissez cuire à feu plus doux en remuant de temps en temps, jusqu'à ce que les bananes forment une sorte de crème. Sucrez si vous le désirez.

Variante

Vous pouvez donner à ce dessert très simple un petit air de fête en le faisant flamber. Il suffit pour cela, sitôt après la cuisson, de le saupoudrer de sucre et de l'arroser d'alcool tiédi au préalable : rhum, curaçao ou cognac. Enflammez avec une allumette.

Halva aux amandes (INDE)

- 1 l de lait
- 200 g de sucre
- 150 g d'amandes en poudre (ou fraîchement moulues)
- 3 c. à s. de beurre fondu
- safran en poudre
- 1 c. à c. cardamome en poudre

Dans une casserole émaillée, mettez la poudre d'amandes, versez dessus un peu de lait pour faire une pâte, puis mélangez peu à peu le reste du lait, enfin le sucre. Faites cuire à feu moyen environ 1 heure pour que la crème épaississe, en remuant assez souvent. Lorsqu'un dépôt se forme sur les bords, ajoutez le beurre fondu.

En fin de cuisson, rajoutez une pointe de safran et la cardamome. Laissez refroidir.

Halva de carottes (INDE)

- 1 kg de carottes (nouvelles de préférence)
- 200 g de beurre
- 3 c. à s. d'huile
- 250 à 300 g de sucre
- 1 tube de lait concentré sucré (330 g)
- 1 à 2 c. à c. de cardamome en poudre (ou 12 cardamomes pilées)
- au choix : noix de cajou, pistaches décortiquées,
- morceaux de noix de coco (ou noix de coco râpée)
- raisins secs

Choisissez des carottes aussi tendres et sucrées que possible. Nettoyez-les et râpez-les très finement. Dans une sauteuse, faites fondre doucement 1/3 du beurre avec l'huile et mettez-y les carottes et la cardamome. Laissez cuire à feu doux en remuant de temps à autre et en rajoutant du beurre au fur et à mesure que celui-ci est absorbé par les carottes.

Il faut compter de 30 à 40 minutes de cuisson suivant la qualité des carottes ; celles-ci doivent devenir légèrement translucides et très tendres. Ajoutez le sucre, mélangez, puis videz le contenu du tube de lait concentré. Remuez sans cesse jusqu'à ce que le mélange épaississe après avoir absorbé le lait. Retirez du feu. Versez la halva sur un plat assez grand pour qu'elle ne forme pas une couche trop épaisse et parsemez sa surface de raisins secs, de noix de cajou, etc.

La halva de carottes se savoure tiède ou chaude de préférence. Froide, elle devient un peu indigeste à cause du beurre qui s'est à nouveau durci. Si vous la préparez à l'avance, faites-la tiédir au moment de servir.

Halva de citrouille (INDE)

- 1 kg de citrouille
- 300 g de sucre semoule
- 50 g de graines de pavot
- 125 g de beurre
- 50 g de fruits secs (raisins abricots, pruneaux)
- 1 c. à c. de poudre de cardamome

Pelez la citrouille, retirez ses graines et coupez sa chair en morceaux moyens. Faites cuire à feu doux dans une casserole avec un verre d'eau, jusqu'à ce qu'elle soit tendre et qu'il ne reste plus de liquide. Laissez en attente.

Dans une sauteuse, faites fondre le beurre et jetez-y les graines de pavot. Rajoutez la citrouille en tournant sans arrêt. Lorsqu'elle prend une teinte un peu brune, versez le sucre et laissez réduire jusqu'à ce qu'il n'y ait plus de liquide.

Servez chaud ou tiède en parsemant de poudre de cardamome et de fruits secs coupés en morceaux.

Halva de semoule au safran (INDE)

- 225 g de semoule de blé très fine
- 300 g de sucre
- 50 cl d'eau chaude
- 125 g de beurre
- 150 à 200 g d'amandes, pistaches et raisins secs mélangés
- 1 c. à c. de safran en poudre

Faites fondre doucement le beurre dans une casserole et faites revenir la semoule jusqu'à ce qu'elle prenne une teinte brun-doré. Ajoutez l'eau chaude et le sucre, puis le safran délayé dans le 1/4 d'une tasse d'eau.

Laissez épaissir à feu doux en tournant constamment. En fin de cuisson, ajoutez raisins, amandes et pistaches effilées en en conservant quelques-uns pour garnir le dessus.

Beignets de farine de châtaigne (CORSE)

pour 15 beignets environ

- 200 g de farine de châtaigne
- 1 c. à c. rase de sel fin
- 25 cl d'eau froide
- huile (arachide, maïs ou tournesol)
- sucre (facultatif)

Dans un saladier, mélangez la farine de châtaigne et le sel, incorporez l'eau petit à petit en écrasant les grumeaux avec une spatule ou une cuillère de bois, jusqu'à obtention d'une pâte bien lisse et homogène.

Faites chauffer un peu d'huile dans une poêle. Lorsqu'elle est très chaude, versez-y des petits tas de pâte à l'aide d'une cuillère à soupe. La pâte va s'étaler pour former un beignet plat. Lorsque les bords deviennent brun foncé, retournez le beignet et laissez-le cuire de l'autre côté : les beignets sont cuits quand ils se détachent facilement de la poêle. Ils doivent rester moelleux. Déposez-les sur un linge ou un papier absorbant pour enlever l'excès d'huile.

Normalement, ces beignets se mangent chauds et saupoudrés de sucre, mais ils sont tout aussi délicieux salés et accompagnés d'oignons revenus et de poivrons, par exemple.

Pulenda de châtaigne (CORSE)

- 800 g de farine de châtaigne
- 2 l d'eau
- sel
- lait froid ou fromage blanc

Traditionnellement, la « pulenda » se prépare dans une marmite en terre. Si vous n'en possédez pas, prenez une grande cocotte ou une marmite émaillée et faites-y bouillir l'eau salée. Lorsqu'elle bout, jetez en pluie la farine de châtaigne et remuez à l'aide d'un grand pilon de bois (ou d'un rouleau à pâtisserie). Au bout de 20 minutes, poudrez de farine de châtaigne les parois de la marmite pour bien détacher la pulenda, en la ramenant vers le milieu.

Laissez cuire doucement de façon que la pâte fasse des bulles et se décolle bien au fond. Renversez la pâte sur un torchon saupoudré de farine, découpez-la en tranches avec un fil. En Corse, la pulenda se mange chaude avec du « brocciu » frais (fromage blanc de pays) ou arrosée de lait froid.

Vous pouvez aussi, après l'avoir laissée refroidir (ce qui l'affermira), faire frire les tranches dans de l'huile chaude.

Pour un dessert gourmand, faites fondre du chocolat dans de l'eau et arrosez la pulenda avec cette crème : ce n'est pas très orthodoxe, mais c'est un vrai régal !

Purée de marrons

pour 4 personnes

RECETTE 1
- 1 kg de marrons
- lait, sucre (facultatif)

Épluchez les marrons ; mettez-les dans une casserole et faites-les bouillir 15 minutes environ, recouverts d'eau légèrement salée.

Égouttez, retirez les marrons un à un et ôtez la peau jaune. Passez-les à la moulinette ou au tamis. Vous pouvez ajouter un peu de lait chaud pour rendre la purée plus onctueuse. Rajoutez le sucre si c'est pour un dessert.

RECETTE 2

- 1 kg de marrons
- 1 l de lait
- sel
- 50 à 100 g de sucre
- 1 gousse de vanille
- 50 g de beurre
- crème fraîche (ou chantilly) (facultatif)

Ébouillantez les marrons après en avoir fendu l'écorce ; sortez-les de l'eau, enlevez l'écorce brune et la peau intérieure.

Au lieu de faire cuire les marrons dans l'eau, mettez-les ensuite dans le lait bouillant, avec une pincée de sel. Laissez cuire 20 minutes.

Si vous destinez les marrons à une préparation sucrée, mettez dans le lait une gousse de vanille fendue en longueur, et 50 à 100 g de sucre.

Laissez cuire de 45 minutes à 1 heure, retirez les marrons, écrasez-les ou passez-les à la moulinette pour les réduire en purée. Incorporez le beurre en tournant doucement avec une cuillère en bois. Travaillez la purée en rajoutant au besoin un peu de lait de cuisson pour obtenir une crème onctueuse et lisse. Rajoutez du sucre à votre goût.

Au moment de servir, vous pouvez incorporer un peu de crème fraîche, ou servir la purée accompagnée de crème fraîche ou de chantilly.

Broye (BÉARN)

à préparer la veille

- 1 kg de farine de maïs
- 50 cl d'eau
- beurre, sucre, cannelle en poudre, sel

Faites bouillir l'eau avec une bonne pincée de sel, jetez-y la farine rapidement dès l'ébullition et laissez cuire en tournant vivement pendant 5 minutes. Versez dans un moule à génoise (ou tout autre moule peu profond), laissez refroidir et reposer au moins un jour.

Le lendemain, découpez le gâteau de maïs en lamelles fines, faites dorer celles-ci à la poêle dans un peu de beurre et servez-les saupoudrées de sucre fin et de cannelle.

Petits gâteaux aux flocons d'avoine

- 1 bol de flocons d'avoine
- 75 g de farine complète
- 75 g de raisins secs
- 75 à 100 g de noix de coco râpée
- 2 à 3 c. à s. d'huile (de tournesol ou d'arachide)
- sel
- sucre (facultatif)
- eau

Faites griller à sec, dans une poêle, les flocons d'avoine. Dans une terrine, mélangez-les avec la farine, ajoutez une pincée de sel, les raisins secs et la noix de coco, du sucre si vous le désirez, l'huile. Ajoutez de l'eau de manière à avoir une pâte assez épaisse qu'on peut étaler à la cuillère.

Étalez la pâte dans un moule à tarte ou sur une plaque graissée. Découpez-la en petits carrés et faites cuire environ 20 minutes à four chaud, jusqu'à ce qu'elle soit bien dorée.

Gâteau de maïs

- 1 l de lait
- 125 g de farine de maïs
- 125 g de raisins secs
- 160 g de sucre
- 1 gousse de vanille
- cannelle en poudre

Réservez 60 g de sucre et 1 verre de lait. Faites bouillir le lait avec le restant de sucre, la gousse de vanille fendue en deux, les raisins secs lavés au préalable. Dès qu'il est arrivé à ébullition, ajoutez la farine de maïs délayée dans un peu de lait froid. Tournez sans cesse jusqu'à ce que la crème soit bien consistante.

Dans un moule à charlotte, faites fondre à feu vif les 60 g de sucre avec une cuillère à soupe d'eau. Quand le caramel a pris une belle teinte rousse, tournez le moule en le penchant pour que toute la paroi soit caramélisée, puis versez dedans la crème de maïs très chaude.

Laissez refroidir, démoulez sur un plat à gâteau et saupoudrez de cannelle avant de servir.

Riz au lait au four (MARTINIQUE)

- 250 g de riz
- 1 l de lait
- 80 à 150 g de sucre
- 15 g de beurre
- vanille
- cannelle
- le zeste d'un citron vert (ou 1/2 citron jaune)

Lavez bien le riz, versez-le dans le lait sucré que vous aurez mis dans un moule à charlotte ou un plat à four assez grand (car le riz gonfle). Ajoutez vanille, cannelle, beurre, répartissez les morceaux de zeste.

Mettez à four moyen. Au bout de 1 heure, regardez s'il reste encore du lait : laissez cuire jusqu'à ce que tout le liquide soit absorbé et que le riz se dessèche un peu. Avant la fin de la cuisson, saupoudrez le riz de sucre qui va caraméliser.

Semoule de maïs aux dattes

- 1 l de lait
- 100 g de sucre en poudre
- 6 à 8 c. à s. de semoule de maïs
- 1/2 citron
- 1 sachet de sucre vanillé
- 200 g de dattes
- cannelle
- sucre pour caramel, cerises confites (facultatif)

Mettez les dattes à tremper dans un peu d'eau la veille (ou le matin pour le soir). Au moment de préparer le gâteau, dénoyautez les dattes et coupez-les en petits morceaux.

Faites chauffer le lait avec le sucre. Lorsqu'il est bouillant, versez en pluie la semoule de maïs, en plus ou moins grande quantité selon que vous désirez un gâteau plus ou moins épais. Laissez cuire environ 8 minutes à feu doux en remuant. Ajoutez le zeste et le jus du 1/2 citron, le sucre vanillé, les morceaux de dattes et la cannelle.

Remuez bien, versez la semoule dans un saladier ou un moule à charlotte beurré ou caramélisé. Laissez refroidir et, au moment de servir, démoulez et décorez le dessus avec des moitiés de dattes et des cerises confites.

Variante

Vous pouvez remplacer le citron par de l'orange, et les dattes par des bananes séchées.

Couscous au chocolat

- 250 g de semoule à couscous
- 2 fois son volume d'eau (ou de lait)
- 150 g de sucre
- 150 g de chocolat à cuire
- 80 à 100 g de beurre

Faites bouillir le lait ou l'eau et versez-y le couscous en pluie. Laissez cuire à feu moyen en remuant sans cesse, jusqu'à ce qu'il soit bien gonflé. Mélangez-y le sucre.

Par ailleurs, préparez une crème au chocolat en faisant fondre très doucement dans une casserole le chocolat coupé en morceaux avec très peu d'eau (1 ou 2 c. à s.). Lorsque le chocolat ramollit, ajoutez le beurre en petits morceaux et mélangez bien pour obtenir une crème lisse. Incorporez cette crème à la semoule en la versant doucement et en tournant au fur et à mesure.

Vous pouvez manger ce dessert chaud ou froid.

Desserts / 222

Variante

Vous pouvez également préparer une « sauce » au chocolat en délayant du lait en poudre avec assez peu d'eau, de façon à obtenir une crème très concentrée et un peu mousseuse. Ajoutez à la crème du chocolat en poudre et du sucre selon votre goût (dans ce cas, ne sucrez pas la semoule).

La saveur sera moins délicate que dans la méthode précédente, mais si vous êtes pressé ou n'avez pas de chocolat à cuire sous la main, c'est une façon simple et rapide de préparer ce dessert.

Framboisier

PÂTE
- 300 g de farine
- 100 g de beurre (ou de graisse végétale)
- 100 g de sucre
- 2 c. à s. d'eau

Mélangez le sucre et le beurre jusqu'à consistance de pommade. Ajoutez la farine et pétrissez jusqu'à obtenir une pâte bien homogène. Formez une boule et laissez-la reposer 1 heure au froid.

Étalez la pâte, foncez un moule à tarte graissé et fariné, faites cuire à four bien chaud (th. 7 à 8) pendant 20 minutes.

GARNITURE
- 1 petit pot de gelée de framboises
- 100 g d'amandes effilées ou de poudre d'amandes

Mélangez la gelée et les amandes, recouvrez le fond de tarte avec cette garniture et enfournez juste 5 minutes pour dorer.

Tarte à la cassonade

- 1 pâte brisée ou briochée préparée avec 250 g de farine
- 200 g de cassonade
- 1 verre de lait (facultatif)
- 50 g de beurre
- cannelle en poudre

Étalez la pâte dans un moule à tarte, piquez-la à la fourchette et laissez-la cuire 15 minutes à four moyen. Sortez-la du four et recouvrez-la de cassonade. Saupoudrez de cannelle et parsemez de noisettes de beurre. Vous pouvez aussi ajouter un peu de lait. Remettez au four et terminez la cuisson (30 minutes à th. 6-7).

Tarte au citron

- 1 pâte sablée préparée avec 250 g de farine
- 350 g de sucre
- 100 g d'amandes en poudre (ou fraîchement moulues)
- 6 citrons

Préparez la pâte, sans oublier de la parfumer avec un peu de zeste de citron râpé. Étalez-la dans le moule à tarte.

Dans une terrine, mélangez les amandes en poudre avec 100 g de sucre, le jus et le zeste râpé de 1 citron. Battez bien cette crème avec un fouet ou une fourchette et recouvrez-en la pâte. Laissez cuire à four moyen (th. 5) pendant 20 à 30 minutes.

Pendant ce temps, lavez les autres citrons, coupez-les en tranches que vous mettez à bouillir 15 minutes environ dans un sirop fait avec le restant de sucre (250 g) et 25 cl d'eau.

Lorsque la tarte est cuite, garnissez-la avec les tranches de citron à demi confites et, éventuellement, arrosez-la d'un peu de sirop.

Tarte renversée

- 1 pâte brisée préparée avec 200 g de farine complète
- 100 g de beurre
- sel

GARNITURE

- 3 grosses pommes reinettes
- 100 g de sucre
- 50 g de beurre

Préparez la pâte. Coupez les pommes en rondelles fines après les avoir épluchées et évidées. Allumez le four. Étalez la pâte au rouleau sur une épaisseur de 5 mm. Beurrez et farinez le moule à tarte.

Dans une casserole, mettez à chauffer le beurre et le sucre, avec un tout petit peu d'eau. Le mélange forme rapidement une sorte de caramel, que vous versez aussitôt au centre de la tourtière : il s'étalera tout seul pendant la cuisson. Disposez les pommes dans le moule et recouvrez avec la pâte que vous piquez à la fourchette. Tout ceci doit être fait assez vite pour ne pas laisser au caramel le temps de durcir.

Mettez à four chaud (th. 6 ou 7) durant 30 minutes.

Démoulez la tarte dès la sortie du four en la retournant sur un plat : elle doit être dorée et plate comme une galette.

Tarte à la rhubarbe

- 250 g de farine
- cannelle en poudre
- gingembre en poudre
- 12 à 20 tiges de rhubarbe selon la taille
- 1 à 2 c. à s. de sucre
- 50 g de beurre (ou de graisse végétale)

Préparez une pâte sablée et parfumez-la avec 1 cuillerée de cannelle et une pincée de gingembre en poudre.

Foncez le moule à tarte et faites cuire à four moyen, (th. 5) 10 minutes seulement.

Épluchez la rhubarbe et coupez-la en petits dés. Ébouillantez-la. Si c'est la deuxième ou troisième récolte, laissez-la bouillir quelques instants avec une bonne cuillerée à soupe de sucre. Égouttez et garnissez-en le fond de tarte.

Mélangez à part le beurre fondu avec le sucre restant, un peu de cannelle et une pincée de gingembre. Recouvrez la rhubarbe de cette préparation et remettez votre tarte au four chaud 20 minutes pour terminer la cuisson.

Tourte de blettes (NICE)

FARCE
- 1 kg de blettes (surtout les feuilles)
- 4 pommes (reinettes de préférence)
- 100 g de raisins secs
- 150 g de sucre
- 1 citron
- 1 pincée de sel
- 1 sachet de sucre vanillé
- quelques pignons
- 2 c. à s. de rhum (facultatif)

Faites blanchir les blettes sans saler l'eau. Pressez-les bien pour faire sortir tout le liquide puis hachez-les grossièrement. Mettez-les dans un saladier et ajoutez : les pommes épluchées et coupées en lamelles, les raisins secs, les pignons, le sucre et le rhum, le zeste râpé du citron. Mélangez bien et laissez reposer 1 h 30. Pendant ce temps, préparez la pâte.

PÂTE
- 500 g de farine
- 250 de beurre (ou de beurre végétal, ou moitié beurre, moitié huile)
- 100 g de sucre en poudre
- 1 pincée de sel

Mettez tous les ingrédients dans un saladier et travaillez à sec du bout des doigts jusqu'à ce que le mélange devienne comme du fromage râpé. Ajoutez alors 1/2 verre d'eau pour amalgamer avec une cuillère en bois. Ne travaillez pas trop la pâte. Laissez reposer 1 heure.

Prenez environ les 2/3 de la pâte, étalez-la (au rouleau ou à la main) sur une plaque graissée au préalable, en remontant le long du rebord de la plaque. Piquez-la avec une fourchette.

Garnissez de farce et recouvrez avec le reste de la pâte en joignant bien les bords pour fermer la tourte. Pincez le dessus de la pâte avec la pointe de ciseaux tous les 3 ou 4 cm environ. Mettez la tourte à four moyen. Quand elle est cuite, retirez-la du four et saupoudrez-la aussitôt de sucre fin.

La tourte peut très bien se garder pour le lendemain en la couvrant après qu'elle a refroidi.

Pain d'épice

- 3 verres de farine de froment (ou de sarrasin, ou les 2 mélangées)
- 1 verre de sucre roux
- 1 verre de lait
- 1 c. à c. de bicarbonate de soude
- 3 c. à s. de miel
- épices au choix : grains d'anis vert, coriandre ou gingembre en poudre, etc.

Nous ne donnons pas ici les poids, mais le « verre » comme unité de mesure. Si vous désirez un pain d'épice plus ou moins gros, remplacez le verre par un contenant plus grand ou plus petit. L'essentiel est de respecter les proportions.

Mélangez bien dans une terrine la farine, le sucre, les épices. Versez peu à peu le lait dans lequel vous aurez dilué le bicarbonate de soude. Ajoutez le miel. Travaillez la pâte avec une cuillère en bois jusqu'à ce qu'elle soit bien homogène. Versez-la dans un moule à cake garni de papier d'aluminium et laissez cuire à four doux (th. 4 ou 4 1/2) durant 1 heure environ.

Macarons de grand-mère

à préparer la veille

- 500 g de farine
- 250 g de cassonade blonde
- sel
- 250 g de beurre
- 1/2 sachet de levure

Préparez la pâte le soir. Mettez dans un saladier la farine, la cassonade, une bonne pincée de sel. Mélangez bien à la cuillère. Ajoutez le beurre ramolli mais non fondu et la levure. Pétrissez à la main pour obtenir une pâte de consistance ferme et homogène. Laissez reposer au frais (ou au réfrigérateur) toute la nuit.

Desserts

Le lendemain, formez de petites boules d'environ 5 cm de diamètre en roulant la pâte entre les deux paumes. Disposez-les sur une plaque beurrée et farinée. Cuisez à four doux de 10 à 15 minutes. Vous obtiendrez des petits macarons croustillants qui se conservent très longtemps.

Galette aux noisettes

- 500 g de farine
- 250 g de sucre
- 250 g de beurre
- 3 c. à s. de rhum
- 1 pincée de sel
- 1 bonne poignée de noisettes (ou d'amandes)
- 1 bonne poignée de raisins secs

Pilez grossièrement les noisettes.

Dans une grande terrine, mélangez le sucre et le beurre jusqu'à obtenir une sorte de pommade à laquelle vous ajoutez le rhum, les raisins secs et les noisettes et, en dernier lieu, la farine.

Lorsque la pâte est homogène, versez-la dans un moule à tarte beurré et faites cuire à four moyen (th. 5 ou 6) de 20 à 30 minutes.

Piqûre d'abeille (« Bienenstich ») (ALLEMAGNE)

GARNITURE
- 250 g de noisettes (ou d'amandes) pilées
- 125 g de beurre
- 200 g de sucre en poudre
- 8 c. à s. de lait
- 1 sachet de sucre vanillé

Dans une casserole, faites chauffer à feu doux les noisettes, le beurre, le sucre et le sucre vanillé, le lait. Laissez fondre, mais attention, il ne doit pas se former de caramel.

Quand tout est bien mélangé et forme une pâte molle, retirez du feu et, pendant que la garniture refroidit, préparez la pâte du gâteau.

PÂTE
- 400 g de farine
- 250 g de fromage blanc
- 100 g de sucre en poudre
- 8 c. à s. d'huile
- 6 c. à s. de lait
- 1 sachet de sucre vanillé
- 1 sachet + 2 c. à c. de levure
- beurre

Tamisez la farine.

Dans une terrine, mettez le fromage blanc, le sucre et le sucre vanillé, l'huile et le lait. Mélangez le tout avec un fouet, mais en tournant au lieu de battre. Ajoutez peu à peu la farine en l'incorporant doucement avec une spatule ou une cuillère en bois, puis la levure.

Étalez la pâte dans un plat beurré (genre moule à génoise), farinez la surface et recouvrez avec la garniture.

Laissez cuire 20 à 30 minutes à four moyen (th. 3).

Carrés aux dattes (CANADA)

GARNITURE
- 500 g de dattes dénoyautées
- 1/2 tasse de cassonade
- 3/4 tasse d'eau chaude
- 15 g de beurre
- cannelle

Hachez grossièrement les dattes. Mettez tous les ingrédients dans une casserole et portez à ébullition en remuant, puis baissez le feu et continuez à tourner jusqu'à consistance d'une crème épaisse. Laissez refroidir.

PÂTE

- 1 tasse de farine de blé
- 1 1/2 tasse de gruau (farine d'avoine) ou de flocons d'avoine
- 3/4 tasse de beurre (ou de beurre et graisse végétale mélangés)
- 1 tasse de cassonade
- 1/2 tasse de noix grossièrement pilées

Faites ramollir le beurre, et mélangez tous les ingrédients dans un saladier. Travaillez avec une fourchette, ou un rouleau à pâtisserie, pour obtenir une pâte aussi homogène que possible, à consistance un peu granuleuse.

Étalez un peu plus de la moitié de cette pâte dans un plat beurré, étendez dessus la garniture de dattes puis recouvrez avec le restant de pâte.

Laissez cuire à four moyen pendant 25 minutes. Sortez du four et laissez refroidir avant de couper en carrés.

Variante

Carrés aux pommes (CANADA)

GARNITURE

- 6 grosses pommes (ou 12 petites)
- 50 g de beurre
- cannelle
- sucre selon l'acidité des pommes

Pelez, évidez les pommes, coupez-les en quartiers, faites-les cuire dans le beurre fondu à feu très doux. Ajoutez la cannelle et le sucre si nécessaire.

Ne laissez pas cuire trop longtemps.

Étalez la garniture de pommes entre deux couches de pâte préparée selon la recette des « Carrés aux dattes ». Faites cuire environ 40 minutes à four moyen.

Desserts / 230

Variations sur les madeleines...

Pommes de terre

- 4 grosses madeleines
- 150 g de sucre semoule
- 125 g d'amandes en poudre
- 1 c. à c. de kirsch
- 2 à 3 c. à s. de crème fraîche (ou de petits-suisses)
- 5 c. à s. de chocolat en poudre
- quelques pignons de pin

Passez les madeleines à la moulinette pour les réduire en miettes. Dans un saladier, mélangez les madeleines, le sucre, la poudre d'amandes, liez le tout avec le kirsch et la crème fraîche.

Quand la pâte est bien homogène, pétrissez de petites quantités pour leur donner la forme de pommes de terre. Roulez-les dans le chocolat et piquez dessus quelques pignons de pin pour imiter les germes...

Madeleines au citron

- 6 grosses madeleines
- 150 g de sucre semoule
- 3 beaux citrons

Passez les madeleines à la moulinette, ou écrasez-les avec une fourchette dans un saladier. Ajoutez le jus des citrons, laissez tremper quelques minutes en remuant de temps en temps, puis incorporez le sucre. C'est un dessert tout simple, rapide, pour ceux qui apprécient la juxtaposition des extrêmes : douceur du sucre, acidité du citron...

Cornes de gazelle (ALGÉRIE)

PÂTE D'AMANDES

- 1 kg d'amandes émondées et pilées (ou de poudre d'amandes)
- 500 g de sucre
- 75 g de beurre
- eau de fleur d'oranger

Mélangez les ingrédients dans une grande jatte.

Malaxez bien pour en faire une boule consistante, parfumez à l'eau de fleur d'oranger.

PÂTE
- 500 g de farine
- 50 g de beurre fondu
- eau

Mettez la farine dans une terrine, faites une fontaine et versez-y le beurre fondu. Ajoutez de l'eau en quantité suffisante pour obtenir une pâte ayant la consistance d'une pâte à pain. Pétrissez avec énergie environ 20 minutes, et laissez reposer 30 minutes.

Étendez la pâte au rouleau, puis étirez-la avec les mains jusqu'à ce qu'elle ait l'épaisseur d'une feuille de carton.

Faites une saucisse de pâte d'amandes, enveloppez-la dans un morceau de pâte, et donnez-lui la forme d'un croissant. Recommencez jusqu'à épuisement des ingrédients. Faites cuire les cornes de gazelle à four moyen sur une plaque beurrée jusqu'à ce qu'elles soient légèrement dorées.

Vous pouvez plonger les cornes de gazelle encore chaudes dans l'eau de fleur d'oranger et les rouler dans du sucre glace.

Mantecaos (ESPAGNE)

pour 40 mantecaos
- 500 g de farine blanche (ou complète) de blé
- 1 verre d'huile
- 1 verre de sucre semoule
- 1 citron
- vanille et cannelle en poudre

Préchauffez le four.

Dans une terrine, mélangez l'huile et le sucre, ajoutez peu à peu la farine, puis la vanille, le zeste râpé du citron entier et le jus du 1/2 citron seulement. Travaillez à la cuillère de bois jusqu'à ce que la pâte ait une consistance sableuse, un peu comme des grains de semoule.

Formez alors de petites boules un peu plus grosses qu'une noix, que vous disposez sur une plaque farinée. Mettez au four très doux, pendant 20 à 30 minutes : les mantecaos sont cuits lorsque le dessus se fendille un peu et que le dessous est légèrement marron.

Sortez-les du four et saupoudrez-les d'un peu de cannelle, qui va noircir et coller car les boules sont encore très chaudes.

Variante

Pour préparer les mantecaos à la façon arabe, formez des boules un peu plus grosses et plantez un clou de girofle au centre avant la cuisson.

Concada aux cacahuètes (TOGO)

- 500 g de cacahuètes grillées
- 500 g de sucre
- 1 citron

Préparez un caramel avec le sucre et 1/4 environ de son volume d'eau. Ajoutez le jus du citron pour parfumer, et quand le caramel est bien doré, mettez les cacahuètes. Laissez cuire 5 minutes en remuant constamment, puis versez le mélange sur une planche ou une plaque légèrement graissée. Dès que le caramel commence à durcir, coupez-le en carrés, en rectangles, ou formez rapidement des boules en le travaillant à la main.

Variante

Remplacez les cacahuètes par de la noix de coco fraîche, dont vous couperez la chair en brindilles de la taille d'une allumette.

Tablettes à la noix de coco (MARTINIQUE)

- 1 noix de coco moyenne
- 500 g de sucre
- 30 cl d'eau
- vanille et cannelle en poudre

233 / **Desserts**

Coupez la chair de la noix de coco en tout petits morceaux ou de préférence en julienne.

Mettez l'eau à bouillir avec le sucre, la cannelle et la vanille. Laissez bouillir 10 minutes avant d'ajouter la noix de coco, puis laissez cuire de 45 minutes à 1 heure.

Huilez une plaque de métal et déposez-y par petites cuillerées la préparation qui va durcir en refroidissant.

Fruits secs fourrés à la pâte d'amandes

Préparez une boule de pâte d'amandes selon la recette ci-dessous. La quantité de pâte vous permet de fourrer environ 60 fruits secs : dattes, pruneaux, cerises ou écorces d'oranges confites, ou noix, selon votre goût.

Fendez les dattes et les pruneaux afin d'en retirer le noyau, remplissez-les de pâte d'amandes. Pour les noix, faites une petite boule de pâte et enfoncez la noix dedans, ou aplatissez-la légèrement entre deux cerneaux. Pour varier, vous pouvez rajouter quelques gouttes d'extrait de café à la pâte qui servira à fourrer les noix.

Vous pouvez rouler les fruits ainsi fourrés dans du sucre en poudre, ou dans du caramel.

Variantes

Vous pouvez remplacer la pâte d'amandes par les pâtes de pistaches ou de noix de cajou, tout aussi savoureuses, dont nous indiquons également les recettes.

Pâte d'amandes à fourrer

- 125 g d'amandes en poudre
- 125 g de sucre glace
- 1 c. à s. de kirsch
- 1 c. à s. de crème de riz
- 1 c. à s. d'eau chaude

Dans une jatte, mélangez la poudre d'amandes et le sucre. Ajoutez la crème de riz délayée dans l'eau, puis le kirsch, pour amalgamer le mélange.

Pétrissez jusqu'à obtenir une pâte bien homogène, assez souple mais pas molle, et qui ne se brise pas.

Formez une boule, que vous pouvez laisser en attente, enveloppée de papier d'aluminium, ou bien utiliser tout de suite.

Pâte de pistaches

- 125 g de pistaches décortiquées
- 125 g de sucre en poudre
- 1 c. à s. de crème de riz
- 1 c. à s. d'eau chaude

Réduisez les pistaches en poudre avec une moulinette. Mélangez la poudre obtenue avec le sucre, ajoutez la crème de riz délayée dans l'eau et procédez comme pour la pâte d'amandes. Les pistaches étant très parfumées, il n'est pas nécessaire de relever la pâte avec du kirsch.

Variante

Pâte de noix de cajou

Procédez comme pour la pâte de pistaches, en utilisant des noix de cajou pilées ou réduites en poudre à la moulinette.

« Amours cachés » (MARTINIQUE)

C'est un petit chausson croustillant à la noix de coco...

pour 20 chaussons

- 500 g de farine
- 250 g de beurre
- 2 verres de sucre en poudre
- 1 noix de coco
- cannelle, vanille
- sel

Mélangez bien la farine et le beurre : pour cela, émiettez le beurre, incorporez la farine, ajoutez deux pincées de sel, de l'eau. Travaillez la pâte pour former une grosse boule que vous laisserez reposer de 15 à 30 minutes. (Préparez la confiture de noix de coco en attendant, selon l'une des deux méthodes indiquées ci-après.)

Reprenez la boule de pâte, étalez-la au rouleau à pâtisserie, puis repliez-la trois fois sur elle-même. Étalez de nouveau, repliez trois fois. Étalez encore, repliez trois fois. Enfin, étalez une dernière fois la pâte, dans laquelle vous découperez des cercles de 8 à 10 cm de diamètre, à l'aide d'un bol retourné.

Déposez 1 cuillerée à soupe de confiture de noix de coco sur chacun des cercles. Repliez la moitié du cercle sur l'autre, de façon à former un chausson. Serrez bien les bords pour le fermer.

Dorez les chaussons avec un peu de caramel ; disposez-les sur une plaque beurrée : laissez cuire à four moyen entre 20 et 30 minutes.

Retirez les « amours cachés » quand ils sont bien dorés.

Confiture de coco (MARTINIQUE)

RECETTE 1
- 1 noix de coco
- 1 verre d'eau
- 2 verres de sucre
- 1 pincée de vanille en poudre

Ouvrez la noix de coco, retirez-en la chair blanche que vous râpez.

Préparez un sirop avec le sucre, l'eau et la vanille. Quand le sirop est prêt, jetez-y la noix râpée et laissez cuire 30 minutes à feu doux en remuant de temps à autre, jusqu'à ce que la noix de coco soit transparente.

RECETTE 2
- 1 noix de coco
- 2 à 3 verres d'eau fraîche (selon la grosseur de la noix de coco)
- 2 à 3 verres de sucre en poudre

Cassez la noix de coco avec un marteau, videz l'eau qui est à l'intérieur (gardez-la pour la boire). Enlevez la chair blanche comestible à l'aide d'un couteau, lavez les morceaux ainsi obtenus et râpez-les.

Faites cuire à feu doux la noix de coco râpée, avec l'eau froide et le sucre, en remuant de temps en temps. La noix de coco ne doit pas être caramélisée. Le mélange reste blanc-doré quand il est bien cuit.

Message (« sandesh ») (BENGALE)

pour 15 carrés de 3 x 3 cm

- 1 l de lait non écrémé
- 100 g de sucre semoule
- 1/2 citron
- 1 c. à c. de cardamome en poudre
  (on peut remplacer la cardamome par de la vanille, de l'eau de rose ou de fleur d'oranger)

Faites cailler le lait en y versant le jus du demi-citron lorsqu'il commence à bouillir. Retirez-le aussitôt du feu et égouttez le caillé dans une gaze en double épaisseur ou un tamis très fin. (Le petit-lait recueilli servira à préparer une boisson).

Lorsque le caillé est bien égoutté — au bout de 30 minutes environ —, mettez-le dans une terrine et travaillez-le avec une cuillère en bois jusqu'à ce qu'il soit lisse et homogène, puis ajoutez le sucre. Faites chauffer le mélange à feu très doux dans une sauteuse ou une casserole émaillée, en tournant sans cesse. Il devient d'abord liquide, puis il prend peu à peu la consistance d'une crème épaisse qui finit par se détacher facilement des parois de la casserole. Ajoutez alors la cardamome (ou le parfum de votre choix), mélangez bien et retirez du feu en travaillant la crème quelques minutes encore. Versez dans un plat beurré d'environ 20 x 20 cm de côté. Quand la pâte est refroidie, découpez carrés ou losanges que vous démoulerez avec précaution.

Cette délicieuse friandise se conserve plusieurs jours.

Chocolats aux cajous

pour environ 50 carrés de 3 x 3 cm

- 1 boîte de lait concentré sucré (397 g)
- 100 g de beurre
- 100 g de noix de cajou non salées (ou des noisettes)
- 100 g de raisins blonds secs
- 4 c. à s. de sucre semoule
- 5 c. à c. de poudre de cacao (ou de chocolat en poudre)
- le jus de 1/2 citron

Faites dorer dans un peu de beurre les noix de cajou coupées en petits morceaux. Séparément, faites revenir dans très peu de beurre les raisins secs, que vous retirez du feu lorsqu'ils gonflent et que leur peau est tendue. Mettez de côté raisins et noix de cajou dans un bol.

Dans la casserole déjà utilisée, mettez le contenu de la boîte de lait concentré, le beurre, le sucre et portez à ébullition à feu très doux, en tournant constamment. Lorsque le mélange commence à épaissir, ajoutez-y le chocolat en poudre, puis le jus de citron, enfin les raisins et les morceaux de cajou, en continuant à remuer jusqu'à ce que la crème ait une consistance bien épaisse et se détache aisément des parois.

Retirez du feu en tournant encore vigoureusement quelques secondes, puis versez dans un plat de pyrex ou de métal beurré d'environ 20 x 20 cm. Lorsque la pâte est refroidie, coupez délicatement rectangles, carrés ou losanges, que vous prendrez soin de décoller du plat avant de servir.

Les « chocolats » se conservent plus d'une semaine.

Coconut barfi (INDE)

- 500 g de noix de coco râpée
- 750 g de sucre
- 50 cl de lait
- 6 c. à s. de beurre fondu
- 1 c. à c. de cardamome en poudre (ou 8 cardamomes pilées)
- 1/2 c. à c. de muscade râpée (ou de vanille en poudre)

Dans une sauteuse, faites frire à sec, pendant 10 minutes environ, la noix de coco et le sucre mélangés, en remuant sans cesse pour ne pas laisser brûler ni attacher.

Versez lentement le lait et laissez cuire de 30 à 45 minutes, jusqu'à ce que le mélange soit homogène, collant et épais. Ajoutez alors le beurre fondu, la poudre de cardamome, la muscade ou la vanille. Lorsque la crème est épaisse, écumante, retirez-la du feu et versez-la sur un plat beurré. Laissez-la refroidir et découpez carrés ou losanges.

Ces friandises se conservent plusieurs jours.

« Besan ke laddou » (INDE)

pour 60 boules
- 200 g de beurre
- 120 g de farine de pois chiches
- 16 cl de lait
- 400 g de cassonade
- 1 à 2 c. à c. de cardamome en poudre ou fraîchement pilée
- Facultatif :
- 50 g de poudre d'amandes
- 2 c. à c. d'eau de fleur d'oranger
- vanille en poudre

Dans une sauteuse, faites fondre le beurre jusqu'à ce qu'il fume. Mettez à frire la farine, en tournant, comme pour une béchamel. Lorsque la farine a absorbé tout le beurre et sent légèrement le frit, aspergez peu à peu de lait, jusqu'à ce que le mélange gonfle et prenne l'aspect de sable mouillé.

Retirez du feu et ajoutez aussitôt, en tournant vigoureusement, la cassonade, la poudre de cardamome, les amandes revenues dans un peu de beurre au préalable, une pointe de vanille et l'eau de fleur d'oranger. Attendez que la pâte soit froide et durcisse un peu pour former, à la main, de petites boules de la grosseur d'une prune. Si votre pâte est trop molle et colle à la paume de la main, patientez un jour ou deux, elle prendra une consistance plus ferme. De toute façon, vous pouvez conserver les « laddou » une bonne semaine.

Recettes de base

Pain complet

- farine complète biologique (jamais de farine blanche mélangée à du son)
- sel fin (gris)

PRÉPARATION DU LEVAIN

Elle est délicate. Si un premier essai n'aboutit pas, recommencez sans vous décourager.

Dans un bol très propre, délayez un peu de farine complète avec de l'eau tiède et un peu de sel, jusqu'à obtenir une pâte molle. Couvrez et laissez le bol dans un endroit chaud, en l'entourant au besoin d'un lainage. Après 36 à 48 heures, délayez à nouveau la préparation avec un peu de farine, d'eau tiède et de sel. Laissez reposer encore 1 jour puis recommencez la même opération. Si le levain est prêt, la pâte sera gonflée, pleine de trous à l'intérieur et dégagera une odeur de levure légèrement acide.

Cette préparation ne se fait qu'une seule fois. Après avoir pétri le pain, on met de côté dans un bol un peu de pâte, qui servira de levain pour la fois suivante. Laissez le bol découvert dans le haut d'un placard : il va se former une croûte à la surface de la pâte. Il vous suffira de prendre la partie molle qui se trouve en-dessous.

Remarque

Le levain peut se garder de 8 à 15 jours. Ne le mettez jamais au réfrigérateur.

PRÉPARATION DU PAIN

- 1,5 kg de farine
- 1 l d'eau tiède environ
- 1 c. à s. rase de sel
- 1 bol de levain

Dans une grande terrine, mettez ensemble la farine, l'eau, le sel et le levain délayé au préalable dans une partie de l'eau.

Attention : versez l'eau avec prudence. Il vaut mieux devoir en rajouter qu'en mettre trop dès le début. Pétrissez la pâte de 15 à 20 minutes, puis laissez-la reposer 15 minutes.

Huilez un moule, ou plusieurs selon leur taille et leur forme.

Mettez un peu de pâte de côté comme futur levain. Roulez le restant de la pâte dans la farine et mettez-la dans le ou les moules, qui ne doivent pas être remplis à plus de la moitié. Recouvrez-les de linges propres, puis d'une couverture ou d'un duvet, pour maintenir la chaleur, et laissez lever la pâte durant 7 à 8 heures, selon la température. Au bout de quelques essais, c'est l'expérience qui va vous guider : si le pain n'est pas assez levé, il sera compact. S'il est trop levé, il aura un petit goût acide. Appuyez un peu votre doigt sur la pâte : si le doigt perce la croûte superficielle, le pain est trop levé. S'il déprime la pâte sans que celle-ci remonte, le pain n'est pas assez levé. Si au contraire la dépression disparaît quand vous retirez votre doigt, le pain est « à point ».

Faites-le cuire à four bien chaud (230 °C environ) de 45 minutes à 1 heure.

Pâte brisée

- 250 g de farine (complète ou non)
- 125 g de beurre
- 1/2 verre d'eau tiède
- sel

Dans un saladier, versez la farine et formez un puits dans lequel vous mettez une bonne pincée de sel et le beurre ramolli en petits morceaux. Mélangez en pétrissant légèrement du bout des doigts, puis ajoutez peu à peu l'eau. Travaillez la pâte le moins possible. Dès qu'elle se « tient » suffisamment, formez une boule. Vous pouvez l'utiliser tout de suite. Mais il est préférable de la laisser reposer 1 heure, couverte d'un linge ou d'un saladier renversé.

Pâte à crêpes

CRÊPES DE FROMENT

pour 12 crêpes
- 250 g de farine de froment (complète ou non)
- 50 cl de lait (ou moitié lait/moitié eau)
- 1 à 2 c. à s. d'huile
- 1 c. à s. de levure (diététique ou maltée)
- sel

Dans une terrine, mélangez la farine et une bonne pincée de sel. Formez un creux au centre, dans lequel vous mettez l'huile. Versez peu à peu le liquide en tournant avec une cuillère en bois pour délayer. Lorsque la pâte est bien homogène, lisse et formant un ruban quand vous la laissez tomber de la cuillère, ajoutez la levure. Mélangez bien et laissez reposer 1 heure.

Selon la destination de vos crêpes, vous pouvez parfumer la pâte avec un peu de cannelle, muscade râpée, vanille en poudre, zeste d'orange ou de citron râpé, kirsch, etc.

Remarque

Les végétariens qui consomment des œufs pourront préparer une pâte à crêpes avec 1 seul œuf ou plus, la pâte à crêpes sans œufs étant, comme la pâte à frire, moins facile à travailler que celle qui en comporte.

CRÊPES DE BLÉ ET SOJA
- 125 g de farine de blé
- 2 c. à s. de farine de soja (30 à 40 g)
- 1 c. à s. d'huile
- 25 cl d'eau
- sel

Mélangez les deux farines dans un saladier, avec une bonne pincée de sel. Ajoutez peu à peu l'eau et l'huile de façon à obtenir une pâte lisse et un peu fluide, formant un ruban lorsqu'on la laisse tomber de la cuillère. Laisser reposer 1 heure avant de vous en servir.

CRÊPES AU SARRASIN

| **pour 12 crêpes**
- 250 g de farine de sarrasin
- 125 g de farine de froment
- 25 cl de lait
- sel

Mélangez bien les deux farines dans une terrine. Ajoutez une bonne pincée de sel. Versez peu à peu le lait que vous aurez coupé avec 50 cl d'eau. Tournez avec une cuillère en bois. N'ajoutez le liquide que progressivement, car selon la qualité des farines, il vous en faudra un peu plus ou un peu moins.

Vous pouvez aussi supprimer le lait et faire votre pâte entièrement à l'eau (environ 75 cl).

Lorsque la pâte a la consistance voulue, un peu plus épaisse que celle des crêpes de froment, laissez-la reposer 1 heure avant de faire cuire les crêpes.

Pâte à frire

- 250 g de farine
- 40 cl d'eau
- 1 c. à s. de purée d'amandes (ou d'huile)
- 5 c. à s. de levure (diététique ou maltée)
- sel

Délayez la purée d'amandes dans l'eau tiède. Mettez la farine dans une terrine avec une bonne pincée de sel, en formant un puits au milieu. Versez peu à peu l'eau additionnée de purée d'amandes et délayez avec une cuillère en bois. Lorsque la pâte est homogène, ajoutez la levure, mélangez bien et laissez reposer 1 heure si possible avant d'utiliser.

Remarque

Il est très difficile d'obtenir une pâte à frire satisfaisante sans œufs. Les végétariens qui en consomment utiliseront de préférence une pâte « classique » faite avec 1 blanc d'œuf, dont ils trouveront la recette dans tous les livres de cuisine.

Pâte sablée

- 250 g de farine (blanche ou complète)
- 100 g de beurre ramolli
- 100 g de sucre en poudre
- sel
- 2 c. à s. de lait (facultatif)

Dans une terrine, mélangez la farine avec le sucre et une pincée de sel. Incorporez peu à peu le beurre ramolli (mais pas fondu), puis le lait si vous le désirez. Travaillez la pâte avec une spatule ou une cuillère de bois. Lorsqu'elle est bien homogène, pétrissez-la à la main pour former une boule. Farinez le plan de travail ou la planche à pâtisserie, étalez la pâte au rouleau et foncez votre moule. Vous pouvez l'utiliser tout de suite, ou, de préférence, la laisser reposer 1 heure.

Remarque

Selon la tarte que vous préparez, pensez à parfumer légèrement votre pâte de poudre de vanille ou de cannelle (pour les pommes, poires, etc.), de zeste de citron ou d'orange râpé, etc.

Vous pouvez remplacer le beurre par de la graisse végétale, ou utiliser moitié beurre et moitié huile.

Pâte à tarte

pour une tarte d'environ 30 cm de diamètre

- 250 g de farine
- 125 g de beurre (ou de graisse végétale)
- 2 petits-suisses (ou 100 g de beurre et 3 petits-suisses)
- 1 c. à s. d'eau tiède
- 1 pincée de sel
- Pour une tarte sucrée :
- 1 à 2 c. à s. de sucre en poudre

Dans une terrine ou un saladier, mélangez la farine, le sel, et le sucre s'il s'agit d'une tarte sucrée. Ajoutez le beurre ramolli (mais pas fondu !) en petits morceaux et les petits-suisses, et pétrissez délicatement du bout des doigts. Lorsque la pâte est devenue homogène et se détache du saladier, formez une boule, laissez reposer 1 heure.

Si vous êtes pressé, vous pouvez aussi l'utiliser tout de suite.

Nouilles fraîches sans œufs

- 600 g de farine de blé
- 25 cl d'eau froide
- 1 c. à c. de sel

Mettez la farine en tas sur une planche à pâtisserie ou sur un plan de travail bien propre. Formez un puits au centre et versez peu à peu l'eau. Pétrissez la pâte à la main pour obtenir un mélange homogène.

Laissez reposer la pâte environ 30 minutes, recouverte d'un linge.

Étalez la pâte au rouleau, de façon à obtenir une feuille de 2 mm d'épaisseur. Découpez des lanières d'environ 1 cm de large.

Farinez et laissez sécher les nouilles à cheval sur une barre de bois (un manche à balai propre fera très bien l'affaire), pendant 4 à 5 heures.

Les nouilles sont prêtes à être utilisées : faites-les cuire à l'eau salée environ 10 minutes, égouttez et assaisonnez avec les épices ou la sauce de votre choix.

Une autre méthode consiste à faire sécher la feuille de pâte d'abord et à découper les nouilles seulement au moment de l'utilisation.

Il est possible de conserver des nouilles confectionnées ainsi en les faisant sécher (une fois découpées) au soleil ou devant un four, jusqu'à ce qu'elles soient un peu dures. On les enfermera ensuite dans une boîte étanche.

Variante

Vous procéderez de la même manière avec les farines de sarrasin, de soja, ou un mélange de farines.

Beurre

Il vous faut du lait entier, en grande quantité. Laissez le lait reposer toute une nuit. Le lendemain, recueillez la crème qui s'est formée à la surface. Laissez-la durant 4 ou 5 jours, jusqu'à ce qu'elle tourne : vous verrez apparaître le petit-lait, et quelques taches jaunes se former sur la crème. Mettez la crème ainsi recueillie dans un bol ou une terrine, travaillez-la au mixeur électrique jusqu'à ce qu'elle tourne en beurre : vous verrez la partie jaune solide se séparer du petit-lait. Il vous faut alors « laver » le beurre : recouvrez-le d'eau froide et, dans le bol, malaxez-le avec une cuillère en bois jusqu'à ce qu'il ait été entièrement rincé. Votre beurre est maintenant prêt à être consommé.

« Faire son beurre » n'est valable que si vous buvez beaucoup de lait : à titre indicatif, il faut environ la crème de 20 l de lait pour obtenir un bol plein de beurre...

Si vous ne disposez pas d'un mixeur, vous pouvez travailler la crème avec un fouet à œuf muni de lames solides. Si vous décidez d'en faire plusieurs kilos à la fois, procurez-vous une baratte qui a la taille appropriée.

Caillé et *panir*

- 1 l de lait
- 1/2 citron
- gaze

Faites chauffer le lait. Dès l'ébullition, versez peu à peu le jus du demi-citron en tournant de l'autre main avec une cuillère en bois. Aussitôt que le lait caille, arrêtez de verser du citron et retirez du feu.

Recettes de base - Beurre et fromages / 246

Dans une passoire fine, étalez une gaze en double épaisseur et versez le lait dans la gaze, au-dessus d'un récipient. Ne jetez pas le petit-lait recueilli, il pourra faire une excellente boisson.

Lorsque tout le liquide est passé, repliez et nouez les coins de la gaze contenant le caillé, de façon à former un petit balluchon que vous suspendez au-dessus de l'évier ou d'une casserole. Laissez-le ainsi égoutter 30 minutes.

Pressez-le ensuite avec un poids pour faire sortir le liquide qui pourrait encore rester : vous avez maintenant un fromage blanc assez compact, désigné en Inde sous le nom de *panir* et utilisé dans un certain nombre de préparations culinaires.

Fromage frais

Comme pour le beurre, il vous faut du lait entier, qui n'ait pas été écrémé, et qui vienne de la ferme autant que possible.

Laissez cailler 2 ou 3 l de lait. Vous pouvez aussi le faire cailler avec de la présure achetée en pharmacie, et que vous utiliserez selon les proportions indiquées.

Égouttez le lait caillé dans des « faisselles » durant 3 ou 4 jours. Lorsque la majeure partie du petit-lait est sortie, retirez les fromages blancs des faisselles. Salez-les très légèrement et, si vous le désirez, incorporez au fromage, à votre choix, poivre concassé, ail, fines herbes, etc.

Disposez les fromages frais sur une couche de paille ou d'herbe sèche, recouvrez-les d'une cloche en fin grillage pour éviter que des insectes ne se posent dessus. Laissez-les se dessécher ainsi durant 2 à 3 semaines, en prenant bien soin de les retourner et de les saler très légèrement chaque jour. Selon le degré de chaleur ou d'humidité de la pièce où vous aurez mis vos fromages, vous obtiendrez une pâte molle ressemblant un peu à celle du camembert, ou bien un fromage tout petit et très sec... Au début, ce sera la surprise mais, avec un peu d'habitude, vous saurez à quel endroit et combien de jours il faut laisser « travailler » vos fromages pour obtenir le genre de pâte que vous désirez. Si le processus vous paraît long, il est par contre

247 / Recettes de base - Beurre et fromages

très facile ; les résultats, parfois imprévus, sont souvent délicieux... et quel plaisir de déguster un fromage que l'on a fabriqué soi-même !

Remarque

Si vous répugnez à utiliser la présure, d'origine animale, voici un bon moyen de faire cailler le lait : prenez le foin d'un artichaut, faites-le bouillir dans de l'eau non salée, puis laissez-le macérer toute une nuit. On utilise cette préparation à raison d'une cuillerée à café par litre de lait.

Yaourt

- 1 l de lait entier
- 1 yaourt nature

Choisissez des produits aussi naturels que possible : évitez le lait écrémé ou « longue conservation », ainsi que les yaourts maigres.

Videz le contenu du pot de yaourt dans une jatte ou un grand saladier. Brassez-le à l'aide d'une cuillère pour le rendre homogène et lisse. Faites chauffer le lait. Retirez-le du feu dès l'ébullition et laissez refroidir. De temps en temps, vérifiez sa température en trempant dedans votre petit doigt : lorsque le lait est encore chaud au toucher, mais sans brûler (entre 40° et 45°C) versez-en un peu dans la jatte. Délayez le yaourt puis achevez de verser tout le lait en tournant toujours pour que le yaourt ne reste pas au fond.

Couvrez la jatte avec une assiette et laissez-la dans un endroit tiède. Le lendemain, le yaourt est pris. Vous pouvez le conserver une semaine au réfrigérateur, mais il vaut mieux le consommer très frais.

Remarques

Par la suite, n'oubliez pas de mettre de côté un peu de votre yaourt « maison » pour pouvoir en refaire : 1 à 2 c. à s. suffisent.

Cependant, après une dizaine de fois, il est bon d'utiliser à nouveau un yaourt acheté à l'extérieur.

Il faut en général de 8 à 10 heures pour que le yaourt prenne. Mais la qualité du lait, la température ambiante sont autant de facteurs de variations. En été ou par un temps d'orage, la prise est très rapide. En hiver, il est bon de laisser la jatte à proximité d'un chauffage (mais pas dessus !).

Ne laissez jamais le yaourt en train de prendre dans les courants d'air !

Poudre de curry spéciale pour cuisine végétarienne

La composition de ce « curry » a été spécialement étudiée en fonction de la cuisine végétarienne. Elle donne une saveur toute particulière aux préparations de riz, légumes, etc., comportant l'usage de poudre de curry.

- 150 g de piments rouges (« langue d'oiseau ») séchés
- 125 g de graines de coriandre
- 20 g de poivre noir en grains
- 20 g de graines de carvi
- 20 g de graines de fenugrec
- 20 g de graines de moutarde
- 1 petite botte de feuilles de curry

Faites rôtir séparément chacune des épices dans une poêle, à sec, à l'exception des feuilles de curry (si vous ne trouvez pas ces dernières, préparez le mélange avec les autres ingrédients). Les graines de moutarde et de carvi doivent éclater, celles de fenugrec prendre une teinte brun-rouge clair (ne les laissez pas devenir brun foncé, sans quoi elles auront un goût de brûlé). Pour les piments rouges, vous pouvez ajouter 1 c. à c. d'huile, et les faire rôtir jusqu'à ce qu'ils soient bien chauds.

Broyez toutes les épices au moulin à café électrique de façon à obtenir une poudre assez fine. Si vous possédez un mortier et un pilon de pierre, vous pouvez y écraser les épices, votre curry sera encore meilleur.

Mélangez bien et mettez cette poudre de curry dans une boîte de verre ou de métal, à l'abri de l'humidité. Elle se conserve au moins 6 mois.

Garam masala

Le garam masala, ou « assaisonnement chaud », est un mélange d'épices qui entre dans la préparation de plusieurs plats indiens. Il est facile de le faire soi-même, en quantité suffisante pour en avoir d'avance.

RECETTE 1

- 100 g de graines de coriandre
- 100 g de graines de cumin
- 50 g de cannelle en bâtons
- 50 g de cardamomes entières
- 50 g de poivre en grains
- 25 g de clous de girofle

Décortiquez les cardamomes pour ne garder que les graines, et faites rôtir à sec, dans une poêle ou au four, toutes les épices. Broyez-les avec un moulin à café électrique. Conservez la poudre ainsi obtenue dans une boîte en métal ou un flacon en verre qui ferme hermétiquement.

Si l'emploi d'épices entières vous semble trop compliqué, vous pouvez mélanger des épices que vous achèterez déjà moulues. Vous pouvez bien sûr réduire les quantités, mais respectez les proportions. Avec l'habitude, vous pourrez préparer votre propre mélange en modifiant le nombre des épices.

RECETTE 2

- 50 g de clous de girofle
- 50 g de coriandre
- 50 g de noix de muscade
- 100 g de cumin ou carvi
- 100 g de cannelle
- 50 g de gingembre (facultatif)

Comme précédemment, vous pouvez choisir de mélanger les épices en poudre, ou bien de les moudre vous-même. Si vous excluez le gingembre, ajoutez du poivre au mélange.

Lait de coco

RECETTE 1
♦ 1 noix de coco fraîche

Cassez la noix de coco, retirez la partie blanche comestible à l'aide d'un couteau. Râpez cette chair blanche dans un saladier et versez dessus 2 tasses d'eau bouillante. Lorsque l'eau a suffisamment refroidi pour que vous puissiez la toucher, frottez entre les paumes de vos mains les morceaux de noix de coco, et pressez-les au-dessus d'un tamis pour obtenir le lait de coco épais qui en sort. De cette manière, vous devez normalement recueillir environ 3 tasses de « lait ».

Vous pouvez ensuite recommencer l'opération en versant sur la pulpe déjà pressée encore 1 tasse d'eau bouillante. Vous obtiendrez cette fois-ci un lait plus fluide et plus dilué.

RECETTE 2
♦ 5 c. à s. de noix de coco râpée sèche

Si vous ne disposez pas de noix de coco fraîche, ou si vous êtes plus pressé, vous pourrez préparer le lait de cette façon : versez 1 tasse d'eau bouillante sur la noix râpée sèche et laissez tremper au moins 1 heure. Passez le liquide, puis pressez le restant avec les mains, au-dessus du tamis, pour avoir tout le goût de la noix de coco.

Le lait de coco entre dans la préparation de plusieurs mets indiens, en particulier certains riz et currys de légumes.

•

Vinaigre de cidre

Lorsque vous préparez compotes ou tartes aux pommes, ou au fur et à mesure de votre consommation, recueillez peaux, trognons, queues et pépins de pommes dans un pot de grès ou de verre. Lorsque le pot est plein, recouvrez d'eau les déchets de pommes, couvrez (mais pas hermétiquement : l'air doit passer) et... attendez.

Au bout d'une semaine à 10 jours, une fine peau blanche et ridée va se former à la surface : c'est la « mère » du vinaigre. Mettez-en un peu dans une bouteille de cidre, il se transformera en vinaigre au bout de quelques jours.

N'oubliez pas de recueillir à travers un tamis l'eau du pot, qui a elle-même tourné en vinaigre.

Table des recettes

Crudités & salades

Avocats « guacamole »	43
Betteraves à la sauce moutarde	43
Boulettes de roquefort	44
Carottes à la marocaine	44
Concombres à l'aneth	45
Concombres à la menthe	45
Crudités rouges	46
Crudités vertes	47
Pois chiches en salade	47
Salade de chou	48
Salade d'endives aux noix	48
Salade grecque	49
Salade juive	49
Salade mexicaine	50
Salade pomone	50
Salade de riz aux pois tendres	51
Salade de riz multicolore	51
Salade de riz aux olives	52
Salade rouge et verte	52
Salade de soja au maïs	53
Salade turque	53
Salade Waldorf	54
Taboulé	55

Entrées

Beignets de bananes au gingembre	57
Beignets de carottes « marinades »	57
Beignets de légumes	58
Beignets de millet	58
Boulettes de pétales de céréales	59
Boulettes de riz	60
Boulettes de boulgour	60
Chaussons aux poireaux	60
Crêpes fourrées aux carottes	61
Crêpes fourrées aux champignons	62
Croquettes de blé	63
Croquettes de maïs	63
Croustons aux champignons	64
Gâteau de pommes de terre	64
Gnocchis à la niçoise	65
Pâté de champignons	66
Pâté de soja frit	67
Pâté végétal	67
Pâté végétal aux carottes	68
Pâté végétal à la tomate	68
Pissaladière	69
Pizza	69
Rouleaux de printemps	71
Tarte alsacienne	72
Tarte à l'oignon et aux champignons	73
Tarte aux poireaux	74

Potages

« Cari » à la coriandre	75
« Cari » au cerfeuil	76
Crème de cerfeuil	76
Crème de cresson	76
Crème de fèves fraîches	77
Garbure béarnaise	77
« Plain water rasam »	78
Potage à l'ananas (piquant)	79
Potage andalou	79
Potage aux asperges	80

Table des recettes

Potage velouté au potiron	80
Potage aux fanes de radis	81
Potage rapide à la tomate	81
Potage vert	82
Soupe à la betterave	82
« Soupe habitante »	83
Soupe aux légumes	83
Soupe aux lentilles	84
Soupe au maïs	84
Soupe à l'oignon	85
Soupe à l'orge	86
Soupe d'orties	86
Soupe au pistou	87
Soupe aux pois chiches	87
Soupe au romarin	88
Soupe « shorba »	88
Soupe (froide) au yaourt	89
Tourin à la tomate	90
Velouté d'artichauts	90
Velouté de tomates	91

Pâtes

Cannellonis aux champignons	93
Coudes au céleri	93
Macaronis au gratin	94
Macaronis aux petits pois	94
Nouilles aux oignons	95
Nouilles croquantes aux légumes en sauce aigre-douce	96
Pâtes à l'ail	97
Pâtes aux épinards	97
Spaghettis au basilic	98

Céréales

Blé aux poivrons	99
Blé aux légumes	99
Couscous rapide à la marocaine	100
Couscous tunisien	101
Gnocchis	103
«Halim»	103
Semoule de blé dorée	104
Maïs et asperges au gratin	105
Maïs au paprika	105
Polenta au soja et aux olives	106
Millet aux courgettes	107
Millet à la tomate	107
Orge aux raisins	108
Bouillie de riz au soja	109
Pulao aux légumes	110
Pulao aux petits pois	110
Pulao royal aux fruits secs	111
«Risotto» aux légumes	112
Riz à l'afghane	113
Riz doux aux aubergines	114
Riz aux carottes fondantes	115
Riz aux haricots rouges	115
Riz à la noix de coco	116
Riz au soja	117
Tian au potiron	117
Tian aux courgettes	118
Sarrasin	118
Kasha aux champignons et aux olives	119
Kasha surprise	120
Sarrasin au lait	120

Légumes secs

Cassoulet aux olives	123
Haricots aigres-doux	124
Haricots blancs à la crème	124
Haricots rouges au piment	125
Dâls - Lentilles	125
Dâls jaunes à la noix de coco	126
Dâls jaunes aux tomates	127
Dâls jaunes aux tomates «version régime»	128
Dâls roses au cumin	128
Soja aux épinards	129
Lentilles aux carottes	129
Pois cassés aux aromates	130
Pois chiches à la mode du Penjab («Chole»)	130
Pois chiches à la noix de coco	131
Croquettes de pois chiches	132
Purée de pois chiches («Hoummos»)	132

Légumes frais

Artichauts à l'andalouse	135
Aubergines au curcuma	136
Gâteau d'aubergines au parmesan	136
Brochettes végétariennes	137
Caviar d'aubergines	137
Céleris à la provençale	138
Champignons à la muscade	138
Chop-suey de légumes	139

Table des recettes / 254

Chou à la noix de coco	139
Choucroute	140
Chou-fleur nappé	140
Chou-fleur aux trois graines	141
Chou-fleur et pommes de terre à la coriandre	142
Chou frit à l'indienne	142
Chou rouge aux pommes et aux oignons	143
Chou rouge aux pommes sauce groseille	143
Concombres en daube	144
Curry d'aubergines	144
Curry de Madras aux légumes	145
Curry aux neuf joyaux	146
Curry aux noix de cajou	147
Curry de petits pois et carottes	148
Curry « tous légumes »	149
Épinards à la crème	150
Épinards panachés	150
Épinards au *panir*	151
Gombos aux oignons	151
Gombos aux tomates	152
Gratin de navets spécial	153
Gratin de Provence	153
Haricots panachés au lait	154
Légumes au couscous	155
Légumes chasseur	156
Légumes en folie	156
Morilles à la crème	157
Navets glacés	157
Nituké d'oignons	158
« Omelette » de pommes de terre	158
Papaye à la tomate	159
Petits pois à la menthe	159
Petits pois au *panir*	160
Poireaux gratinés à la béchamel	160
Poivrons aux pommes de terre	161
Pommes de terre au cumin	161
Ragoût de pommes de terre	162
Pommes de terre sautées aux épices	163
Pommes de terre aux haricots et aux poivrons	163
Le « pot-au-chou »	164
Pot-au-feu au fromage	164
Ratatouille fantaisie	165
Ratatouille niçoise	166
Scaroles braisées à la tomate	167

Farcis & purées

Aubergines farcies	169
Aubergines farcies à l'indienne	170
Champignons farcis à l'échalote	170
Chou farci aux marrons et aux champignons	171
Chou farci au riz	171
Fleurs de courges farcies en beignets	172
Fonds d'artichauts « Valmiki »	173
Légumes farcis assortis	173
Oignons surprise	174
Poivrons farcis à la crème de maïs	175
Poivrons farcis à l'estragon	176
Poivrons farcis à la mode arabe	176
Purée de pommes de terre aux blettes	177
Purée de pommes de terre et de céleris-raves	178
Purée de pommes de terre aux champignons	178
Purée de pommes de terre au fromage	179
Purée de pommes de terre aux oignons	179
Purée à la piperade et aux champignons	180

Sauces

Ailloli	181
Sauce béchamel	181
Sauce à la bergamote	182
Sauce blanche	182
Sauce aux carottes	183
Sauce à la coriandre	183
Sauce au curry	184
Sauces froides à base de laitages	184
« Mayonnaise » sans œufs	185
Sauce moutarde	185
Piperade	186
Sauce au soja pour crudités	186
Sauce pour spaghettis	187
Sauce « sultan »	188

Sauce tomate aux carottes et à la muscade	188
Sauce tomate au gingembre	189
Sauce tomate pimentée	189
Sauce tomate aux raisins	190
Vinaigrette	191

Condiments & chutneys

Artichauts marinés à l'huile d'olive	193
Aubergines piquantes	193
Beurre de sésame	194
« Champignons » d'aubergines	195
Dattes pimentées	195
Marinade	196
Mélange royal	197
Oignons au vinaigre	197
Purée de pomme au piment	198
Chutney de bananes (1)	198
Chutney de bananes (2)	199
Chutney de mangues	200
Chutney de melon	200
Chutney à la menthe (1)	201
Chutney à la menthe (2)	201
Chutney à la noix de coco	202
Chutney aux oignons	202
Chutney au yaourt	202

Raitas

Raita à l'aubergine	205
Raita aux carottes	206
Raita au concombre (1)	206
Raita au concombre (2)	206
Raita aux fruits	207
Raita à la menthe et à l'oignon	207
Raita aux pommes de terre	208
Raita à la tomate	208

Desserts

Blanc-manger	209
Crème aux bananes	209
Crème de groseilles à maquereau	210
Crème de pruneaux à l'orange	210
Charlotte rapide	211
Délice des princes	211
Pamplemousses au fromage blanc	212
Salade d'oranges au vin blanc	212
Sorbet exotique	213
Bananes fondantes	213
Halva aux amandes	214
Halva de carottes	214
Halva de citrouille	215
Halva de semoule au safran	216
Beignets de farine de châtaigne	216
Pulenda de châtaigne	217
Purée de marrons	217
Broye	218
Petits gâteaux aux flocons d'avoine	219
Gâteau de maïs	219
Riz au lait au four	220
Semoule de maïs aux dattes	220
Couscous au chocolat	221
Framboisier	222
Tarte à la cassonade	222
Tarte au citron	223
Tarte renversée	223
Tarte à la rhubarbe	224
Tourte de blettes	225
Pain d'épice	226
Macarons de grand-mère	226
Galette aux noisettes	227
Piqûre d'abeille (« Bienenstich »)	227
Carrés aux dattes	228
Carrés aux pommes	229
Variations sur les madeleines...	230
Cornes de gazelle	230
Mantecaos	231
Concada aux cacahuètes	232
Tablettes à la noix de coco	232
Fruits secs fourrés à la pâte d'amandes	233
Pâte d'amandes à fourrer	233
Pâte de pistaches	234
Pâte de noix de cajou	234
« Amours cachés »	234
Confiture de coco	235
Message (« sandesh »)	236
Chocolats aux cajous	237
Coconut barfi	237
« Besan ke laddou »	238

Table des recettes / 256

Recettes de base

Pain complet	239
Pâte brisée	240
Pâte à crêpes	241
Pâte à frire	242
Pâte sablée	243
Pâte à tarte	243
Nouilles fraîches sans œufs	244
Beurre	245
Caillé et *panir*	245
Fromage frais	246
Yaourt	247
Poudre de curry spéciale pour cuisine végétarienne	248
Garam masala	249
Lait de coco	250
Vinaigre de cidre	251

Imprimé en France sur Presse Offset par

BRODARD & TAUPIN

GROUPE CPI

La Flèche (Sarthe).
N° d'imprimeur : 12918– Dépôt légal Édit. 20902-05/2002
LIBRAIRIE GÉNÉRALE FRANÇAISE - 43, quai de Grenelle - 75015 Paris.

ISBN : 2 - 253 -16587 - 5   31/6587/5